大方廣佛華嚴經 讀誦

3

🌸 일러두기

1. 『독송본 한문·한글역 대방광불화엄경』은 실차난타가 한역(695~699)한 80권 『대방광불화엄경』의 한문 원문과 한글역을 함께 수록한 것이다. 한문에는 음사와 현토를 부기하였다.

2. 원문의 저본은 고종 2년(1865) 월정사에서 인경한 고려대장경 『대방광불화엄경』에 한암 스님이 현토(1949년)한 것을 범룡 스님이 영인 출판(1990년)한 『대방광불화엄경』이다.

3. 한문은 저본에서 누락되었거나 글자가 다르다고 판단된 부분은 저본인 고려대장경 각권의 말미에 교감되어 있는 내용을 중심으로 하고 봉은사판 『대방광불화엄경수소연의초』와 신수대장경 각주에서 밝힌 교감본을 참조하여 보입하고 수정하였다.

4. 한글 번역은 동국역경원에서 발간한 한글 『대방광불화엄경』(운허)을 중심으로 하고 『신화엄경합론』(탄허)과 『대방광불화엄경 강설』(여천무비) 그리고 최근의 여타 번역본 등을 참조하였다.

5. 저본의 원문에서 이체자의 경우 혼글이 제공하는 이체자는 그대로 살리고 혼글이 제공하지 않는 글자는 통용되는 정자로 바꾸었다. 예) 間 → 閒 / 焰 → 㷔 / 宮 → 宮 / 倂 → 稱

6. 한글 번역은 독송과 사경을 위하여 정확성과 아울러 가독성을 고려하였다. 극존칭은 부처님과 불경계에 대해서만 사용하였다.

7. 독송본의 차례는 일러두기 → 본문 → 화엄경 목차 → 간행사의 순차이다.
   (법공양판에는 간행사 다음에 간행불사 동참자를 밝혀 두었다.)

8. 독송본의 한글역은 사경의 편의를 도모하기 위해 그 편집을 달리하여 『사경본 한글역 대방광불화엄경』으로 함께 간행한다. 독송본과 사경본 모두 80권 『대방광불화엄경』의 권별 목차 순으로 간행한다.

독송본 한문 · 한글역

대방광불화엄경 제3권

大方廣佛華嚴經 卷第三

1. 세주묘엄품 [3]

世主妙嚴品　第一之三

실차난타 한역
수미해주 한글역

③

大方廣佛華嚴經第三卷變相 周

대방광불화엄경 제3권 변상도

대방광불화엄경
제3권

1. 세주묘엄품 [3]

明於光明中雨無盡
其界舍輝發燄
益如雲寶華雜
瑠璃爲幹衆雜
嚴飾於中影現其
行列枝葉光茂
現自在雨無盡
衆寶羅網妙香
海無邊顯現摩
寶輪及衆寶華
提場中始成正
如是我聞一時

대방광불화엄경 권제삼
大方廣佛華嚴經 卷第三

세주묘엄품 제일지삼
世主妙嚴品 第一之三

부차 지국 건달바왕 득 자재 방편 섭일체
復次持國乾闥婆王은 **得自在方便**으로 **攝一切**

중 생 해 탈 문 수 광 건달바왕 득 보 견 일 체
衆生解脫門하고 **樹光乾闥婆王**은 **得普見一切**

공 덕 장 엄 해 탈 문 정 목 건달바왕 득 영 단
功德莊嚴解脫門하고 **淨目乾闥婆王**은 **得永斷**

일 체 중 생 우 고 출 생 환 희 장 해 탈 문 화
一切衆生憂苦하야 **出生歡喜藏解脫門**하고 **華**

대방광불화엄경 제3권

1. 세주묘엄품 [3]

또 지국 건달바왕은 자재한 방편으로 일체 중생을 거두어주는 해탈문을 얻었고, 수광 건달바왕은 일체 공덕 장엄을 널리 보는 해탈문을 얻었고, 정목 건달바왕은 일체 중생의 근심과 고통을 길이 끊어서 환희를 내는 창고의 해탈문을 얻었다.

관건달바왕   득영단일체중생사견혹해탈
冠乾闥婆王은 得永斷一切衆生邪見惑解脫

문   희보보음건달바왕   득여운광포   보
門하고 喜步普音乾闥婆王은 得如雲廣布하야 普

음택일체중생해탈문   낙요동미목건달바
蔭澤一切衆生解脫門하고 樂搖動美目乾闥婆

왕   득현광대묘호신   영일체획안락해탈
王은 得現廣大妙好身하야 令一切獲安樂解脫

문   묘음사자당건달바왕   득보산시방일
門하고 妙音師子幢乾闥婆王은 得普散十方一

체대명칭보해탈문   보방보광명건달바왕
切大名稱寶解脫門하고 普放寶光明乾闥婆王은

득현일체대환희광명청정신해탈문   금강
得現一切大歡喜光明淸淨身解脫門하고 金剛

수화당건달바왕   득보자영일체수   영견
樹華幢乾闥婆王은 得普滋榮一切樹하야 令見

화관 건달바왕은 일체 중생의 삿된 소견과 미혹을 영원히 끊는 해탈문을 얻었고, 희보보음 건달바왕은 구름이 널리 펼쳐지듯이 일체 중생을 널리 덮어 윤택하게 하는 해탈문을 얻었고, 낙요동미목 건달바왕은 광대하고 미묘하고 좋은 몸을 나타내어 일체가 안락을 얻게 하는 해탈문을 얻었고, 묘음사자당 건달바왕은 일체 큰 이름난 보배를 시방에 널리 흩는 해탈문을 얻었다.

보방보광명 건달바왕은 일체가 크게 환희하는 광명과 청정한 몸을 나타내는 해탈문을 얻었고, 금강수화당 건달바왕은 일체 나무를 널

자환희해탈문　　　보현장엄건달바왕　　득선
者歡喜解脫門하고　普現莊嚴乾闥婆王은　得善

입일체불경계　　　여중생안락해탈문
入一切佛境界하야　與衆生安樂解脫門하니라

이시　　지국건달바왕　　승불위력　　　보관일
爾時에　持國乾闥婆王이　承佛威力하야　普觀一

체건달바중　　　이설송언
切乾闥婆衆하고　而說頌言하니라

제불경계무량문　　　　일체중생막능입
諸佛境界無量門이여　　一切衆生莫能入이어늘

선서여공성청정　　　　보위세간개정도
善逝如空性淸淨하사　　普爲世間開正道로다

리 무성하게 하여 보는 이가 환희하게 하는 해탈문을 얻었고, 보현장엄 건달바왕은 일체 부처님의 경계에 잘 들어가서 중생들에게 안락을 주는 해탈문을 얻었다.

그 때에 지국 건달바왕이 부처님의 위신력을 받들어 일체 건달바의 대중들을 널리 살펴보고 게송을 설하여 말씀하였다.

모든 부처님 경계의 한량없는 문이여
일체 중생이 능히 들어갈 수 없거늘
선서께서 허공과 같아 성품이 청정하시어
널리 세간을 위해 바른 길을 여시도다.

여래일일모공중
如來一一毛孔中에

공덕대해개충만
功德大海皆充滿하사

일체세간함이락
一切世間咸利樂하시니

차수광왕소능견
此樹光王所能見이로다

세간광대우고해
世間廣大憂苦海를

불능소갈실무여
佛能消竭悉無餘하시니

여래자민다방편
如來慈愍多方便이여

정목어차능심해
淨目於此能深解로다

시방찰해무유변
十方刹海無有邊을

불이지광함조요
佛以智光咸照耀하사

보사척제사악견
普使滌除邪惡見하시니

차수화왕소입문
此樹華王所入門이로다

여래의 낱낱 모공 가운데
공덕의 큰 바다가 모두 충만하시어
일체 세간을 다 이롭고 즐겁게 하시니
이것은 수광 건달바왕이 능히 본 바로다.

세간의 넓고 큰 근심과 고통바다를
부처님께서 모두 남김없이 없애시니
여래의 자애롭고 불쌍히 여기시는 많은 방편이여
정목 건달바왕이 이에 깊이 알았도다.

시방의 세계바다가 끝이 없음을
부처님께서 지혜 광명으로 다 비추시어
널리 삿되고 악한 소견을 씻어 없애게 하시니
이것은 화관[樹華] 건달바왕이 들어간 문이로다.

불 어 왕 석 무 량 겁
佛於往昔無量劫에

수 습 대 자 방 편 행
修習大慈方便行하사

일 체 세 간 함 위 안
一切世間咸慰安하시니

차 도 보 음 능 오 입
此道普音能悟入이로다

불 신 청 정 개 낙 견
佛身淸淨皆樂見이여

능 생 세 간 무 진 락
能生世間無盡樂하사

해 탈 인 과 차 제 성
解脫因果次第成하시니

미 목 어 사 선 개 시
美目於斯善開示로다

중 생 미 혹 상 유 전
衆生迷惑常流轉하야

우 치 장 개 극 견 밀
愚癡障蓋極堅密이어늘

여 래 위 설 광 대 법
如來爲說廣大法하시니

사 자 당 왕 능 연 창
師子幢王能演暢이로다

부처님께서 지난 옛적 한량없는 겁 동안
대자의 방편행을 닦아 익히시어
일체 세간을 다 위로하고 편안하게 하시니
이 도는 희보보음 건달바왕이 깨달아 들어갔도다.

부처님 몸은 청정하시어 모두 즐겨 봄이여
능히 세간에 다함없는 즐거움을 내셔서
해탈하는 인과를 차례로 성취하시니
낙요동미목 건달바왕이 이에 잘 열어 보이도다.

중생들은 미혹해서 항상 유전하여
어리석음의 장애 덮개가 지극히 견고하거늘
여래께서 위하여 광대한 법을 설하시니
묘음사자당 건달바왕이 능히 연설하도다.

여래보현묘색신
如來普現妙色身하사대

무량차별등중생
無量差別等衆生하사

종종방편조세간
種種方便照世間하시니

묘음여시관어불
妙音如是觀於佛이로다

대지방편무량문
大智方便無量門이여

불위군생보개천
佛爲群生普開闡하사

입승보리진실행
入勝菩提眞實行케하시니

차금강당선관찰
此金剛幢善觀察이로다

일찰나중백천겁
一刹那中百千劫을

불력능현무소동
佛力能現無所動하사

등이안락시군생
等以安樂施群生하시니

차낙장엄지해탈
此樂莊嚴之解脫이로다

여래께서 미묘한 색신을 널리 나타내시되

한량없이 차별하여 중생들과 같으시어

갖가지 방편으로 세간을 비추시니

보방보광명[妙音] 건달바왕이 이같이 부처님을 관하였도다.

큰 지혜 방편의 한량없는 문이여

부처님께서 중생들을 위하여 널리 여셔서

수승한 보리의 진실한 행에 들게 하시니

이것은 금강수화당 건달바왕이 잘 관찰하였도다.

한 찰나 가운데 백천 겁을

부처님의 힘으로 능히 나타내시되 움직인 바가 없고

평등하게 안락으로 중생들에게 베푸시니

이것은 보현장엄[樂莊嚴] 건달바왕의 해탈이로다.

부차증장구반다왕　득멸일체원해력해탈
復次增長鳩槃茶王은 得滅一切怨害力解脫

문　용주구반다왕　득수습무변행문해해
門하고 龍主鳩槃茶王은 得修習無邊行門海解

탈문　장엄당구반다왕　득지일체중생심
脫門하고 莊嚴幢鳩槃茶王은 得知一切衆生心

소락해탈문　요익행구반다왕　득보성취
所樂解脫門하고 饒益行鳩槃茶王은 得普成就

청정대광명소작업해탈문　가포외구반다
淸淨大光明所作業解脫門하고 可怖畏鳩槃茶

왕　득개시일체중생안은무외도해탈문
王은 得開示一切衆生安隱無畏道解脫門하고

묘장엄구반다왕　득소갈일체중생애욕해
妙莊嚴鳩槃茶王은 得消竭一切衆生愛欲海

해탈문　고봉혜구반다왕　득보현제취광
解脫門하고 高峰慧鳩槃茶王은 得普現諸趣光

또 증장 구반다왕은 일체 원망과 해침을 소멸하는 힘의 해탈문을 얻었고, 용주 구반다왕은 가없는 수행문바다를 닦아 익히는 해탈문을 얻었고, 장엄당 구반다왕은 일체 중생의 마음에 즐기는 바를 아는 해탈문을 얻었다.

요익행 구반다왕은 청정한 큰 광명으로 짓는 바 업을 널리 성취하는 해탈문을 얻었고, 가포외 구반다왕은 일체 중생에게 안온하고 두려움 없는 길을 열어 보이는 해탈문을 얻었고, 묘장엄 구반다왕은 일체 중생의 애욕바다를 없애는 해탈문을 얻었고, 고봉혜 구반다왕은 모든 갈래에 광명구름을 널리 나타내는 해탈문을 얻

명운해탈문　　　용건비구반다왕　　득보방광
明雲解脫門하고　勇健臂鳩槃茶王은　得普放光

명　　　　멸여산중장해탈문　　　무변정화안구
明하야　滅如山重障解脫門하고　無邊淨華眼鳩

반다왕　　득개시불퇴전대비장해탈문　　　광
槃茶王은　得開示不退轉大悲藏解脫門하고　廣

대면구반다왕　　득보현제취유전신해탈
大面鳩槃茶王은　得普現諸趣流轉身解脫

문
門하니라

이시　　증장구반다왕　　승불위력　　보관일
爾時에　增長鳩槃茶王이　承佛威力하야　普觀一

체구반다중　　이설송언
切鳩槃茶衆하고　而說頌言하니라

었다.

　용건비 구반다왕은 널리 광명을 내어서 산과 같이 무거운 장애를 없애는 해탈문을 얻었고, 무변정화안 구반다왕은 물러나지 않는 큰 자비의 창고를 열어 보이는 해탈문을 얻었고, 광대면 구반다왕은 모든 갈래에 유전하는 몸을 널리 나타내는 해탈문을 얻었다.

　그 때에 증장 구반다왕이 부처님의 위신력을 받들어 일체 구반다의 대중들을 널리 살펴보고 게송을 설하여 말씀하였다.

성취인력세도사
成就忍力世導師여

위물수행무량겁
爲物修行無量劫하사

영리세간교만혹
永離世間憍慢惑일새

시고기신최엄정
是故其身最嚴淨이로다

불석보수제행해
佛昔普修諸行海하사

교화시방무량중
敎化十方無量衆하사대

종종방편이군생
種種方便利群生하시니

차해탈문용주득
此解脫門龍主得이로다

불이대지구중생
佛以大智救衆生하사대

막불명료지기심
莫不明了知其心하사

종종자재이조복
種種自在而調伏하시니

엄당견차생환희
嚴幢見此生歡喜로다

참는 힘을 성취하신 세간의 도사시여
중생을 위하여 한량없는 겁 동안 수행하시어
세간의 교만과 미혹을 길이 여의셨으니
그러므로 그 몸이 가장 단엄하고 청정하시도다.

부처님께서 옛적에 모든 수행바다를 널리 닦으시어
시방의 한량없는 중생들을 교화하시되
갖가지 방편으로 중생들을 이롭게 하시니
이 해탈문은 용주 구반다왕이 얻었도다.

부처님께서 큰 지혜로 중생들을 구제하시되
그 마음을 모두 명료하게 아셔서
갖가지로 자재하게 조복하시니
장엄당 구반다왕이 이것을 보고 환희심을 내도다.

신통응현여광영
神通應現如光影이요

법륜진실동허공
法輪眞實同虛空이라

여시처세무앙겁
如是處世無央劫하시니

차요익왕지소증
此饒益王之所證이로다

중생치예상몽혹
衆生癡翳常蒙惑이어늘

불광조현안은도
佛光照現安隱道하사

위작구호영제고
爲作救護令除苦하시니

가외능관차법문
可畏能觀此法門이로다

욕해표륜구중고
欲海漂淪具衆苦어늘

지광보조멸무여
智光普照滅無餘하사

기제고이위설법
旣除苦已爲說法하시니

차묘장엄지소오
此妙莊嚴之所悟로다

신통을 나타내심은 그림자 같고
법륜의 진실하심은 허공과 같음이라
이와 같이 끝없는 겁 동안 세상에 계시니
이것은 요익행 구반다왕이 증득한 바로다.

중생들이 어리석어 항상 미혹에 덮여있어서
부처님께서 광명을 비추어 편안한 길을 나타내셔서
구제하고 보호하여 고통을 없애게 하시니
가포외 구반다왕이 능히 이 법문을 관하였도다.

애욕의 바다에 빠져서 온갖 고통을 받거늘
지혜의 광명으로 널리 비추어 남김없이 멸하시고
고통을 없애고 나서 설법하시니
이것은 묘장엄 구반다왕이 깨달은 바로다.

불신보응무불견
佛身普應無不見하사

종종방편화군생
種種方便化群生이여

음여뇌진우법우
音如雷震雨法雨하시니

여시법문고혜입
如是法門高慧入이로다

청정광명부당발
清淨光明不唐發이여

약우필령소중장
若遇必令消重障하야

연불공덕무유변
演佛功德無有邊하시니

용비능명차심리
勇臂能明此深理로다

위욕안락제중생
爲欲安樂諸衆生하야

수습대비무량겁
修習大悲無量劫하사

종종방편제중고
種種方便除衆苦하시니

여시정화지소견
如是淨華之所見이로다

부처님 몸은 널리 응하여 보지 못함이 없어서
갖가지 방편으로 중생들을 교화하심이여
우레 같은 음성으로 법의 비를 내리시니
이러한 법문은 고봉혜 구반다왕이 들어갔도다.

청정한 광명은 헛되이 비추지 않으셔서
만나면 반드시 무거운 장애를 소멸하게 하시고
부처님의 공덕을 연설함이 끝이 없으시니
용건비 구반다왕이 능히 이 깊은 이치를 밝혔도다.

모든 중생들을 안락하게 하시기 위하여
한량없는 겁 동안 큰 자비를 닦으셔서
갖가지 방편으로 온갖 고통을 없애주시니
이러함은 무변정화안 구반다왕이 본 바로다.

신통자재부사의
神通自在不思議여

기신보현변시방
其身普現徧十方하사대

이어일체무래거
而於一切無來去하시니

차광면왕심소료
此廣面王心所了로다

부차비루박차용왕
復次毗樓博叉龍王은

득소멸일체제용취치
得消滅一切諸龍趣熾

연고해탈문
然苦解脫門하고

사갈라용왕
娑竭羅龍王은

득일념중
得一念中에

전
轉

자용형
自龍形하야

시현무량중생신해탈문
示現無量衆生身解脫門하고

운음
雲音

당용왕
幢龍王은

득어일체제유취중
得於一切諸有趣中에

이청정음
以淸淨音으로

설불무변명호해해탈문
說佛無邊名号海解脫門하고

염구용왕
燄口龍王은

득보
得普

12

신통의 자재하심이 부사의함이여
그 몸을 널리 나타내어 시방에 두루하시되
일체에 오고 감이 없으시니
이것은 광대면 구반다왕이 마음에 깨달은 바로다.

또 비루박차 용왕은 일체 모든 용 무리의 치성한 고통을 소멸하는 해탈문을 얻었고, 사갈라 용왕은 일념 중에 스스로 용의 형상을 바꾸어 한량없는 중생들의 몸을 나타내 보이는 해탈문을 얻었고, 운음당 용왕은 일체 모든 중생의 갈래 가운데 청정한 음성으로 부처님의 가없는 명호바다를 설하는 해탈문을 얻었다.

염구 용왕은 가없는 부처님 세계의 건립이

현무변불세계건립차별해탈문　염용왕
現無邊佛世界建立差別解脫門하고 **燄龍王**은

득일체중생　진치개전　여래자민　영제
得一切衆生의 **瞋癡蓋纏**을 **如來慈愍**하사 **令除**

멸해탈문　운당용왕　득개시일체중생
滅解脫門하고 **雲幢龍王**은 **得開示一切衆生**의

대희락복덕해해탈문　덕차가용왕　득이
大喜樂福德海解脫門하고 **德叉迦龍王**은 **得以**

청정구호음　멸제일체포외해탈문　무
清淨救護音으로 **滅除一切怖畏解脫門**하고 **無**

변보용왕　득시현일체불색신　급주겁차제
邊步龍王은 **得示現一切佛色身**과 **及住劫次第**

해탈문　청정색속질용왕　득출생일체중
解脫門하고 **清淨色速疾龍王**은 **得出生一切衆**

생　대애락환희해해탈문　보행대음용
生의 **大愛樂歡喜海解脫門**하고 **普行大音龍**

차별함을 널리 나타내는 해탈문을 얻었고, 염용왕은 일체 중생의 성냄과 어리석음의 번뇌를 여래께서 자비로 불쌍히 여기시어 하여금 제거해서 소멸하게 하는 해탈문을 얻었고, 운당 용왕은 일체 중생의 큰 기쁨과 즐거움의 복덕바다를 열어 보이는 해탈문을 얻었고, 덕차가 용왕은 청정하게 구호하는 음성으로 일체 두려움을 소멸하여 제거하는 해탈문을 얻었다.

무변보 용왕은 일체 부처님의 색신과 머무르는 겁의 차제를 나타내 보이는 해탈문을 얻었고, 청정색속질 용왕은 일체 중생의 큰 애락과

왕   득시현일체평등열의무애음해탈문
王은 得示現一切平等悅意無礙音解脫門하고

무열뇌용왕   득이대비보부운   멸일체세
無熱惱龍王은 得以大悲普覆雲으로 滅一切世

간고해탈문
間苦解脫門하시니라

이시   비루박차용왕   승불위력   보관일
爾時에 毗樓博叉龍王이 承佛威力하야 普觀一

체제용중이   이설송언
切諸龍衆已하고 而說頌言하니라

환희바다를 출생하는 해탈문을 얻었고, 보행대음 용왕은 일체가 평등하고 뜻에 맞고 걸림없는 음성을 나타내 보이는 해탈문을 얻었고, 무열뇌 용왕은 대비의 널리 덮는 구름으로 일체 세간의 고통을 소멸하는 해탈문을 얻었다.

그 때에 비루박차 용왕이 부처님의 위신력을 받들어 일체 모든 용의 대중들을 널리 살펴보고 게송을 설하여 말씀하였다.

여관여래법상이
汝觀如來法常爾하라

일체중생함이익
一切衆生咸利益하사

능이대자애민력
能以大慈哀愍力으로

발피외도륜추자
拔彼畏塗淪墜者로다

일체중생종종별
一切衆生種種別을

어일모단개시현
於一毛端皆示現하사

신통변화만세간
神通變化滿世間하시니

사갈여시관어불
娑竭如是觀於佛이로다

불이신통무한력
佛以神通無限力으로

광연명호등중생
廣演名号等衆生하사

수기소락보사문
隨其所樂普使聞케하시니

여시운음능오해
如是雲音能悟解로다

그대는 여래의 법이 항상 그러함을 관하라
일체 중생을 다 이익케 하시어
능히 큰 자애와 불쌍히 여기시는 힘으로
저 두렵고 험한 길에 떨어진 이들을 건지시도다.

일체 중생의 갖가지 다름을
한 털끝에 다 나타내 보이시어
신통 변화가 세간에 가득하시니
사갈라 용왕이 이와 같이 부처님을 보았도다.

부처님께서 신통의 무한한 힘으로
명호를 널리 연설하여 중생들과 같게 하셔서
그 즐기는 바를 따라 널리 듣게 하시니
이러함은 운음당 용왕이 능히 깨달았도다.

무량무변국토중
無量無邊國土衆을

불능영입일모공
佛能令入一毛孔하고

여래안좌피회중
如來安坐彼會中하시니

차염구용지소견
此欲口龍之所見이로다

일체중생진에심
一切衆生瞋恚心과

전개우치심약해
纏蓋愚癡深若海어늘

여래자민개멸제
如來慈愍皆滅除하시니

염용관차능명견
欲龍觀此能明見이로다

일체중생복덕력
一切衆生福德力을

불모공중개현현
佛毛孔中皆顯現하시고

현이영귀대복해
現已令歸大福海하시니

차고운당지소관
此高雲幢之所觀이로다

한량없고 가없는 국토의 중생들을
부처님께서 한 모공에 들어가게 하시고
여래께서 그 모임 가운데 편히 앉으시니
이것은 염구 용왕이 본 바로다.

일체 중생의 성내는 마음과
번뇌와 어리석음이 바다같이 깊거늘
여래께서 자비로 불쌍히 여겨 다 멸하여 없애주시니
염 용왕이 이것을 관찰하여 능히 밝게 보았도다.

일체 중생의 복덕의 힘을
부처님 모공 가운데 다 나타내시고
나타내신 뒤 큰 복바다에 돌아가게 하시니
이것은 운당 용왕이 관찰한 바로다.

불신모공발지광
佛身毛孔發智光하사

기광처처연묘음
其光處處演妙音하시니

중생문자제우외
衆生聞者除憂畏라

덕차가용오사도
德叉迦龍悟斯道로다

삼세일체제여래
三世一切諸如來와

국토장엄겁차제
國土莊嚴劫次第를

여시개어불신현
如是皆於佛身現하시니

광보견차신통력
廣步見此神通力이로다

아관여래왕석행
我觀如來往昔行에

공양일체제불해
供養一切諸佛海하고

어피함증희락심
於彼咸增喜樂心하시니

차속질용지소입
此速疾龍之所入이로다

부처님 몸의 모공에서 지혜의 광명을 내시어

그 광명이 곳곳에서 미묘한 소리를 내시니

중생들이 들으면 근심과 두려움을 없앰이라

덕차가 용왕이 이 도를 깨달았도다.

삼세 일체 모든 여래와

국토의 장엄과 겁의 차제를

이와 같이 다 부처님 몸에 나타내시니

무변보[廣步] 용왕이 이 신통력을 보았도다.

내가 관해 보니 여래께서 지난 옛적 수행하실 때

일체 모든 부처님바다에 공양하시고

그것에 다 기쁘고 즐거운 마음을 증장하시니

이것은 청정색속질 용왕이 들어간 바로다.

불이방편수류음
佛以方便隨類音으로

위중설법영환희
爲衆說法令歡喜하시니

기음청아중소열
其音淸雅衆所悅이라

보행문차심흔오
普行聞此心欣悟로다

중생핍박제유중
衆生逼迫諸有中하야

업혹표전무인구
業惑漂轉無人救어늘

불이대비영해탈
佛以大悲令解脫하시니

무열대용능오차
無熱大龍能悟此로다

부차비사문야차왕　득이무변방편　　구호
復次毗沙門夜叉王은 得以無邊方便으로 救護

악중생해탈문　자재음야차왕　득보관찰
惡衆生解脫門하고 自在音夜叉王은 得普觀察

부처님께서 방편인 부류를 따르시는 음성으로
중생들을 위해 법을 설하여 환희하게 하시니
그 음성 청아하여 중생들이 기뻐하는 바라
보행대음 용왕이 이를 듣고 마음에 즐겨 깨달았도다.

중생들이 모든 세상에서 핍박을 받아
업장과 미혹에 표류하여 구제할 이 없거늘
부처님께서 큰 자비로 해탈케 하시니
무열뇌 대용왕이 능히 이것을 깨달았도다.

또 비사문 야차왕은 가없는 방편으로 악한
중생들을 구호하는 해탈문을 얻었고, 자재음
야차왕은 널리 중생들을 관찰하여 방편으로

중생   방편구호해탈문   엄지기장야차
衆生하야 方便救護解脫門하고 嚴持器仗夜叉

왕   득능자익일체심리악중생해탈문   대
王은 得能資益一切甚羸惡衆生解脫門하고 大

지혜야차왕   득칭양일체성공덕해해탈
智慧夜叉王은 得稱揚一切聖功德海解脫

문   염안주야차왕   득보관찰일체중생대
門하고 燄眼主夜叉王은 得普觀察一切衆生大

비지해탈문   금강안야차왕   득종종방
悲智解脫門하고 金剛眼夜叉王은 得種種方

편   이익안락일체중생해탈문   용건비
便으로 利益安樂一切衆生解脫門하고 勇健臂

야차왕   득보입일체제법의해탈문   용적
夜叉王은 得普入一切諸法義解脫門하고 勇敵

대군야차왕   득수호일체중생   영주어
大軍夜叉王은 得守護一切衆生하야 令住於

구호하는 해탈문을 얻었고, 엄지기장 야차왕은 일체 매우 고달프고 악한 중생들을 능히 도와 이익케 하는 해탈문을 얻었다.

대지혜 야차왕은 일체 성인의 공덕바다를 칭찬하는 해탈문을 얻었고, 염안주 야차왕은 일체 중생을 널리 관찰하는 큰 자비와 지혜의 해탈문을 얻었고, 금강안 야차왕은 갖가지 방편으로 일체 중생을 이익하고 안락하게 하는 해탈문을 얻었고, 용건비 야차왕은 일체 모든 법의 뜻에 널리 들어가는 해탈문을 얻었다.

용적대군 야차왕은 일체 중생을 수호하여 도

도   무공과자해탈문   부재야차왕   득
道하야 無空過者解脫門하고 富財夜叉王은 得

증장일체중생복덕취   영항수쾌락해탈
增長一切衆生福德聚하야 令恒受快樂解脫

문   역괴고산야차왕   득수순억념   출
門하고 力壞高山夜叉王은 得隨順憶念하야 出

생불력지광명해탈문
生佛力智光明解脫門하시니라

이시   다문대야차왕   승불위력   보관일
爾時에 多聞大夜叉王이 承佛威力하야 普觀一

체야차중회   이설송언
切夜叉衆會하고 而說頌言하니라

에 머물러서 헛되이 지나는 이가 없게 하는 해탈문을 얻었고, 부재 야차왕은 일체 중생의 복덕의 무더기를 증장하여 항상 쾌락을 받게 하는 해탈문을 얻었고, 역괴고산 야차왕은 생각을 따라서 부처님의 힘과 지혜의 광명을 출생하는 해탈문을 얻었다.

그 때에 다문대 야차왕이 부처님의 위신력을 받들어 일체 야차의 대중모임을 널리 살펴보고 게송을 설하여 말씀하였다.

중생죄악심가포
衆生罪惡深可怖라

어백천겁불견불
於百千劫不見佛하야

표류생사수중고
漂流生死受衆苦일새

위구시등불흥세
爲救是等佛興世로다

여래구호제세간
如來救護諸世間이여

실현일체중생전
悉現一切衆生前하사

식피외도윤전고
息彼畏塗輪轉苦하시니

여시법문음주입
如是法門音主入이로다

중생악업위중장
衆生惡業爲重障이어늘

불시묘리영개해
佛示妙理令開解하시니

비이명등조세간
譬以明燈照世間이라

차법엄장능관견
此法嚴仗能觀見이로다

중생들의 죄악이 심히 두려움이라
백천 겁 동안 부처님을 보지 못하여
생사에 표류하며 온갖 고통을 받으니
이들을 구하시려고 부처님께서 세상에 출현하셨도다.

여래께서 모든 세간을 구호하심이여
일체 중생 앞에 다 나타나시어
저 두려운 길에서 윤회하는 고통을 쉬게 하시니
이러한 법문은 자재음 야차왕이 들어갔도다.

중생들의 악업이 무거운 장애가 됨을
부처님께서 묘한 이치를 보여 알게 하시니
마치 밝은 등불로써 세간을 비추듯 하심이라
이 법은 엄지기장 야차왕이 능히 관해 보았도다.

불석겁해수제행
佛昔劫海修諸行에

칭찬시방일체불
稱讚十方一切佛이라

고유고원대명문
故有高遠大名聞하시니

차지혜왕지소료
此智慧王之所了로다

지혜여공무유변
智慧如空無有邊이요

법신광대부사의
法身廣大不思議라

시고시방개출현
是故十方皆出現하시니

염목어차능관찰
歛目於此能觀察이로다

일체취중연묘음
一切趣中演妙音하사

설법이익제군생
說法利益諸群生이여

기성소기중고멸
其聲所暨衆苦滅하시니

입차방편금강안
入此方便金剛眼이로다

부처님께서 옛적 겁바다에서 모든 행을 닦으실 때

시방 일체 부처님을 칭찬하심이라

그러므로 높고 멀리 큰 명성 드날리시니

이것은 대지혜 야차왕이 깨달은 바로다.

지혜는 허공과 같아서 끝이 없고

법신은 광대하여 부사의함이라

그러므로 시방에 다 출현하시니

염안주[餤目] 야차왕이 이를 능히 관찰하였도다.

일체 갈래 가운데 묘음을 내셔서

법을 설하여 모든 중생들을 이익케 하심이여

그 소리 이르는 데마다 온갖 고통 소멸하시니

이 방편에 들어간 이는 금강안 야차왕이로다.

일체심심광대의
一切甚深廣大義를

여래일구능연설
如來一句能演說이여

여시교리등세간
如是敎理等世間하니

용건혜왕지소오
勇健慧王之所悟로다

일체중생주사도
一切衆生住邪道어늘

불시정도부사의
佛示正道不思議하사

보사세간성법기
普使世間成法器하시니

차용적군능오해
此勇敵軍能悟解로다

세간소유중복업
世間所有衆福業이

일체개유불광조
一切皆由佛光照라

불지혜해난측량
佛智慧海難測量이시니

여시부재지해탈
如是富財之解脫이로다

일체의 매우 깊고 광대한 뜻을

여래께서 한 구절로 능히 연설하심이여

이러한 교리를 세간과 같게 하시니

용건비[勇健慧] 야차왕이 깨달은 바로다.

일체 중생이 삿된 도에 머물거늘

부처님께서 바른 길의 부사의함을 보이시어

널리 세간에 법의 그릇을 이루게 하시니

이것은 용적대군 야차왕이 능히 깨달았도다.

세간에 있는 온갖 복업이

일체가 다 부처님의 광명이 비춤을 말미암음이라

부처님의 지혜바다는 측량하기 어려우니

이러함은 부재 야차왕의 해탈이로다.

억념왕겁무앙수 불어시중수십력
憶念往劫無央數에 佛於是中修十力하사

능령제력개원만 차고당왕소요지
能令諸力皆圓滿하시니 此高幢王所了知로다

부차 선혜마후라가왕 득이일체신통방
復次善慧摩睺羅伽王은 得以一切神通方

편 영중생집공덕해탈문 정위음마후
便으로 令衆生集功德解脫門하고 淨威音摩睺

라가왕 득사일체중생 제번뇌득청량열
羅伽王은 得使一切衆生으로 除煩惱得淸涼悅

락해탈문 승혜장엄계마후라가왕 득보
樂解脫門하고 勝慧莊嚴髻摩睺羅伽王은 得普

사일체선불선사각중생 입청정법해탈
使一切善不善思覺衆生으로 入淸淨法解脫

생각하니 지나간 겁이 끝이 없거늘

부처님께서 이 가운데 십력을 닦으시어

능히 모든 힘을 다 원만하게 하시니

이것은 역괴고산[高幢] 야차왕이 깨달아 안 바로다.

또 선혜 마후라가왕은 일체 신통과 방편으로 중생들에게 공덕을 모으게 하는 해탈문을 얻었고, 정위음 마후라가왕은 일체 중생에게 번뇌를 제거하고 청량한 기쁨과 즐거움을 얻게 하는 해탈문을 얻었고, 승혜장엄계 마후라가왕은 널리 일체 선하고 선하지 못한 것을 생각하는 중생들로 하여금 청정한 법에 들어가게

문 　 묘목주마후라가왕 　 득요달일체무소
門하고 妙目主摩睺羅伽王은 得了達一切無所

착복덕자재평등상해탈문 　 등당마후라
著福德自在平等相解脫門하고 燈幢摩睺羅

가왕 　 득개시일체중생 　 영리흑암포외도
伽王은 得開示一切衆生하야 令離黑闇怖畏道

해탈문 　 최승광명당마후라가왕 　 득요지
解脫門하고 最勝光明幢摩睺羅伽王은 得了知

일체불공덕 　 생환희해탈문 　 사자억마
一切佛功德하야 生歡喜解脫門하고 師子臆摩

후라가왕 　 득용맹력 　 위일체중생구호주
睺羅伽王은 得勇猛力으로 爲一切衆生救護主

해탈문 　 중묘장엄음마후라가왕 　 득영일
解脫門하고 衆妙莊嚴音摩睺羅伽王은 得令一

체중생 　 수억념생무변희락해탈문 　 수
切衆生으로 隨憶念生無邊喜樂解脫門하고 須

하는 해탈문을 얻었다.

묘목주 마후라가왕은 일체 집착하는 바가 없는 복덕의 자재하고 평등한 모양을 요달하는 해탈문을 얻었고, 등당 마후라가왕은 일체 중생에게 열어 보여서 어둡고 두려운 길을 여의게 하는 해탈문을 얻었고, 최승광명당 마후라가왕은 일체 부처님의 공덕을 요달해 알아서 환희를 내는 해탈문을 얻었고, 사자억 마후라가왕은 용맹한 힘으로 일체 중생을 구호하는 주인이 되는 해탈문을 얻었다.

중묘장엄음 마후라가왕은 일체 중생에게 생각을 따라 가없는 희락을 내게 하는 해탈문을

미억마후라가왕　　득어일체소연　　결정부
彌臆摩睺羅伽王은 得於一切所緣에 決定不

동　　　도피안만족해탈문　　　가애락광명마
動하야 到彼岸滿足解脫門하고 可愛樂光明摩

후라가왕　　득위일체불평등중생　　　개시평
睺羅伽王은 得爲一切不平等衆生하야 開示平

등도해탈문
等道解脫門하니라

이시　　선혜위광마후라가왕　　승불위력
爾時에 善慧威光摩睺羅伽王이 承佛威力하야

보관일체마후라가중　　이설송언
普觀一切摩睺羅伽衆하고 而說頌言하니라

얻었고, 수미억 마후라가왕은 일체 반연하는 것에 결정코 움직이지 아니하여 피안에 이르러 만족하는 해탈문을 얻었고, 가애락광명 마후라가왕은 일체 평등하지 못한 중생들을 위하여 평등한 길을 열어 보이는 해탈문을 얻었다.

그 때에 선혜위광 마후라가왕이 부처님의 위신력을 받들어 일체 마후라가의 대중들을 널리 살펴보고 게송을 설하여 말씀하였다.

여관여래성청정
汝觀如來性淸淨하라

보현위광리군품
普現威光利群品하사대

시감로도사청량
示甘露道使淸涼하야

중고영멸무소의
衆苦永滅無所依로다

일체중생거유해
一切衆生居有海하야

제악업혹자전부
諸惡業惑自纏覆어늘

시피소행적정법
示彼所行寂靜法하시니

이진위음능선료
離塵威音能善了로다

불지무등파사의
佛智無等叵思議여

지중생심무부진
知衆生心無不盡하사

위피천명청정법
爲彼闡明淸淨法하시니

여시엄계심능오
如是嚴髻心能悟로다

27

그대들은 여래의 성품이 청정함을 관해 보라

위광을 널리 나타내어 중생들을 이롭게 하시되

감로의 길을 보여 청량하게 하셔서

온갖 고통을 길이 멸하여 의지할 데 없게 하시도다.

일체 중생이 존재바다에 살면서

모든 악업과 미혹에 스스로 얽히고 덮여있거늘

그들에게 행해야 할 적정한 법을 보이시니

정위음[離塵威音] 마후라가왕이 능히 잘 알았도다.

부처님의 지혜가 같은 이 없고 사의할 수 없음이여

중생들의 마음을 모두 다 아셔서

그들을 위하여 청정한 법을 천명하시니

이러함은 승혜장엄계 마후라가왕이 마음에 깨달았도다.

무량제불현세간
無量諸佛現世間하사

보위중생작복전
普爲衆生作福田하시니

복해광대심난측
福海廣大深難測이라

묘목대왕능실견
妙目大王能悉見이로다

일체중생우외고
一切衆生憂畏苦를

불보현전이구호
佛普現前而救護하사대

법계허공미부주
法界虛空靡不周하시니

차시등당소행경
此是燈幢所行境이로다

불일모공제공덕
佛一毛孔諸功德을

세간공탁불능료
世間共度不能了라

무변무진동허공
無邊無盡同虛空하시니

여시광대광당견
如是廣大光幢見이로다

한량없는 모든 부처님께서 세간에 출현하시어
널리 중생들을 위하여 복전을 지으시니
복바다는 광대하고 깊어서 측량하기 어려움이라
묘목주 마후라가왕이 능히 다 보았도다.

일체 중생의 근심과 두려움의 고통을
부처님께서 널리 앞에 나타나 구호하시되
법계 허공에 두루하지 않음이 없으시니
이것은 등당 마후라가왕이 행한 바 경계로다.

부처님 한 모공의 모든 공덕을
세간이 함께 헤아려도 능히 알지 못함이라
가없고 다함없어 허공과 같으시니
이와 같음은 최승광명당[廣大光幢] 마후라가왕이 보았도다.

여래통달일체법
如來通達一切法하사

어피법성개명조
於彼法性皆明照하사대

여수미산불경동
如須彌山不傾動하시니

입차법문사자억
入此法門師子臆이로다

불어왕석광대겁
佛於往昔廣大劫에

집환희해심무진
集歡喜海深無盡이라

시고견자미불흔
是故見者靡不欣하니

차법엄음지소입
此法嚴音之所入이로다

요지법계무형상
了知法界無形相하사

바라밀해실원만
波羅蜜海悉圓滿하야

대광보구제중생
大光普救諸衆生하시니

산억능지차방편
山臆能知此方便이로다

여래께서 일체 법을 통달하시어
저 법의 성품을 다 밝게 비추시되
수미산같이 움직이지 않으시니
이 법문에 들어간 이는 사자억 마후라가왕이로다.

부처님께서 지난 옛적 광대한 겁 동안
모으신 환희바다가 깊어서 다함이 없음이라
그러므로 보는 이가 기뻐하지 않음이 없으니
이 법은 중묘장엄음[嚴音] 마후라가왕이 들어간 바로다.

법계가 형상이 없음을 요달해 아시어
바라밀바다를 다 원만히 하셔서
큰 광명으로 모든 중생들을 널리 구제하시니
수미억[山臆] 마후라가왕이 능히 이 방편을 알았도다.

여관여래자재력
汝觀如來自在力하라

시방강현망불균
十方降現罔不均하사

일체중생함조오
一切衆生咸照悟하시니

차묘광명능선입
此妙光明能善入이로다

부차선혜광명천긴나라왕   득보생일체희
復次善慧光明天緊那羅王은 得普生一切喜

락업해탈문   묘화당긴나라왕   득능생무
樂業解脫門하고 妙華幢緊那羅王은 得能生無

상법희   영일체   수안락해탈문   종종
上法喜하야 令一切로 受安樂解脫門하고 種種

장엄긴나라왕   득일체공덕   만족   광대
莊嚴緊那羅王은 得一切功德이 滿足하야 廣大

청정   신해장해탈문   열의후성긴나라
淸淨한 信解藏解脫門하고 悅意吼聲緊那羅

그대는 여래의 자재하신 힘을 관하라
시방에 골고루 나타나시어
일체 중생을 다 비추어 깨닫게 하시니
이것은 가애락광명[妙光明] 마후라가왕이 잘 들어갔도다.

또 선혜광명천 긴나라왕은 일체 기쁘고 즐거
운 업을 널리 내는 해탈문을 얻었고, 묘화당
긴나라왕은 위없는 법의 기쁨을 능히 내어 일
체가 안락을 받게 하는 해탈문을 얻었고, 종
종장엄 긴나라왕은 일체 공덕이 만족하여 광
대하고 청정한 신해의 창고 해탈문을 얻었다.

열의후성 긴나라왕은 언제나 일체 뜻에 맞는

왕　　득항출일체열의성　　영문자　　이우포
王은 得恒出一切悅意聲하야 令聞者로 離憂怖

해탈문　　보수광명긴나라왕　　득대비안립
解脫門하고 寶樹光明緊那羅王은 得大悲安立

일체중생　　영각오소연해탈문　　보락견
一切衆生하야 令覺悟所緣解脫門하고 普樂見

긴나라왕　　득시현일체묘색신해탈문　　최
緊那羅王은 得示現一切妙色身解脫門하고 最

승광장엄긴나라왕　　득요지일체수승장엄
勝光莊嚴緊那羅王은 得了知一切殊勝莊嚴

과　　소종생업해탈문　　미묘화당긴나라왕
果의 所從生業解脫門하고 微妙華幢緊那羅王은

득선관찰일체세간업　　소생보해탈문　　동
得善觀察一切世閒業의 所生報解脫門하고 動

지력긴나라왕　　득항기일체이익중생사해
地力緊那羅王은 得恒起一切利益衆生事解

소리를 내어서 듣는 이가 근심과 두려움을 여의게 하는 해탈문을 얻었고, 보수광명 긴나라왕은 대비로 일체 중생을 안립하여 반연할 바를 깨닫게 하는 해탈문을 얻었고, 보락견 긴나라왕은 일체 미묘한 색신을 나타내 보이는 해탈문을 얻었다.

최승광장엄 긴나라왕은 일체 수승한 장엄의 과보가 생겨나는 업을 요달해 아는 해탈문을 얻었고, 미묘화당 긴나라왕은 일체 세간의 업으로 생기는 과보를 잘 관찰하는 해탈문을 얻었고, 동지력 긴나라왕은 일체 중생을 이익케 하는 일을 항상 일으키는 해탈문을 얻었

탈문　　위맹주긴나라왕　　득선지일체긴나
脫門하고 威猛主緊那羅王은 得善知一切緊那

라심　　교섭어해탈문
羅心하야 巧攝御解脫門하니라

이시　　선혜광명천긴나라왕　　승불위력
爾時에 善慧光明天緊那羅王이 承佛威力하야

보관일체긴나라중　　이설송언
普觀一切緊那羅衆하고 而說頌言하니라

세간소유안락사　　　일체개유견불흥
世間所有安樂事여　　一切皆由見佛興이라

도사이익제중생　　　보작구호귀의처
導師利益諸衆生하사　普作救護歸依處로다

고, 위맹주 긴나라왕은 일체 긴나라의 마음
을 잘 알아서 잘 거두어 제어하는 해탈문을
얻었다.

그 때에 선혜광명천 긴나라왕이 부처님의 위
신력을 받들어 일체 긴나라의 대중들을 널리
살펴보고 게송을 설하여 말씀하였다.

세간에 있는 안락한 일이여
일체가 다 부처님을 친견하여 일어남이라
도사께서 모든 중생들을 이익케 하시어
널리 구호하여 귀의할 곳을 지으셨도다.

출생일체제희락
出生一切諸喜樂에

세간함득무유진
世間咸得無有盡이라

능영견자부당연
能令見者不唐捐케하시니

차시화당지소오
此是華幢之所悟로다

불공덕해무유진
佛功德海無有盡이여

구기변제불가득
求其邊際不可得이라

광명보조어시방
光明普照於十方하시니

차장엄왕지해탈
此莊嚴王之解脫이로다

여래대음상연창
如來大音常演暢하사

개시이우진실법
開示離憂眞實法하시니

중생문자함흔열
衆生聞者咸欣悅이라

여시후성능신수
如是吼聲能信受로다

일체 모든 기쁨과 즐거움을 출생하시니
세간이 다 얻어도 다함이 없음이라
보는 자는 헛되이 버리지 않게 하시니
이것은 묘화당 긴나라왕이 깨달은 바로다.

부처님의 공덕바다가 다함이 없음이여
그 끝을 찾아도 얻을 수 없음이라
광명이 널리 시방을 비추시니
이것은 종종장엄 긴나라왕의 해탈이로다.

여래께서 큰 음성으로 항상 연설하시어
근심을 여의는 진실한 법을 열어 보이시니
중생들이 들으면 다 기뻐함이라
이러함은 열의후성 긴나라왕이 능히 믿고 받았도다.

아 관 여 래 자 재 력
我觀如來自在力컨대

개 유 왕 석 소 수 행
皆由往昔所修行이라

대 비 구 물 영 청 정
大悲救物令淸淨케하시니

차 보 수 왕 능 오 입
此寶樹王能悟入이로다

여 래 난 가 득 견 문
如來難可得見聞이여

중 생 억 겁 시 내 우
衆生億劫時乃遇라

중 상 위 엄 실 구 족
衆相爲嚴悉具足하시니

차 낙 견 왕 지 소 도
此樂見王之所覩로다

여 관 여 래 대 지 혜
汝觀如來大智慧하라

보 응 군 생 심 소 욕
普應群生心所欲하사

일 체 지 도 미 불 선
一切智道靡不宣하시니

최 승 장 엄 차 능 료
最勝莊嚴此能了로다

내가 여래의 자재하신 힘을 관해 보니
모두 지난 옛적에 수행하신 바를 말미암음이라
큰 자비로 만물을 구제하여 청정하게 하시니
이것은 보수광명 긴나라왕이 능히 깨달아 들어갔도다.

여래는 가히 보고 듣기 어려움이여
중생들이 억 겁에 때로 한 번 만남이라
온갖 상호가 장엄되어 다 구족하시니
이것은 보락견 긴나라왕이 본 바로다.

그대는 여래의 크신 지혜를 관해 보라
널리 중생들의 하고자 하는 바에 응하시어
일체 지혜의 길을 펴지 않음이 없으시니
최승광장엄 긴나라왕이 이를 능히 알았도다.

업 해 광 대 부 사 의
業海廣大不思議여

중 생 고 락 개 종 기
衆生苦樂皆從起라

여 시 일 체 능 개 시
如是一切能開示하시니

차 화 당 왕 소 요 지
此華幢王所了知로다

제 불 신 통 무 간 헐
諸佛神通無閒歇하사

시 방 대 지 항 진 동
十方大地恒震動이어늘

일 체 중 생 막 능 지
一切衆生莫能知하니

차 광 대 력 항 명 견
此廣大力恒明見이로다

처 어 중 회 현 신 통
處於衆會現神通하사

방 대 광 명 영 각 오
放大光明令覺悟하사

현 시 일 체 여 래 경
顯示一切如來境하시니

차 위 맹 주 능 관 찰
此威猛主能觀察이로다

업바다가 광대하고 부사의함이여
중생들의 고와 낙이 다 좇아 일어남이라
이러한 일체를 능히 열어 보이시니
이것은 미묘화당 긴나라왕이 요달해 안 바로다.

모든 부처님의 신통은 쉴 사이가 없으셔서
시방의 대지가 항상 진동하거늘
일체 중생이 능히 알 수 없으니
이것은 동지력[廣大力] 긴나라왕이 항상 밝게 보도다.

대중모임에 계시면서 신통을 나타내시어
큰 광명을 놓아 깨닫게 하셔서
일체 여래의 경계를 나타내 보이시니
이것은 위맹주 긴나라왕이 능히 관찰하였도다.

부차 대속 질력 가루라왕　　득무착무애안
復次大速疾力迦樓羅王은 得無著無礙眼으로

보관찰 중생계 해탈문　　불가괴보계가루라
普觀察衆生界解脫門하고 不可壞寶髻迦樓羅

왕　 득보안주법계　　교화중생 해탈문
王은 得普安住法界하야 敎化衆生解脫門하고

청정속질가루라왕　　득보성취 바라밀정진
淸淨速疾迦樓羅王은 得普成就波羅蜜精進

력해탈문　　불퇴심장엄가루라왕　　득용맹
力解脫門하고 不退心莊嚴迦樓羅王은 得勇猛

력　　입여래경계해탈문　　대해처섭지력가
力으로 入如來境界解脫門하고 大海處攝持力迦

루라왕　 득입불행광대지혜해해탈문　　 견
樓羅王은 得入佛行廣大智慧海解脫門하고 堅

법정광가루라왕　　득성취무변중생차별지
法淨光迦樓羅王은 得成就無邊衆生差別智

또 대속질력 가루라왕은 집착 없고 걸림 없는 눈으로 널리 중생계를 관찰하는 해탈문을 얻었고, 불가괴보계 가루라왕은 널리 법계에 안주하여 중생들을 교화하는 해탈문을 얻었고, 청정속질 가루라왕은 널리 바라밀을 성취하는 정진력의 해탈문을 얻었다.

불퇴심장엄 가루라왕은 용맹한 힘으로 여래의 경계에 들어가는 해탈문을 얻었고, 대해처섭지력 가루라왕은 부처님 행의 광대한 지혜 바다에 들어가는 해탈문을 얻었고, 견법정광 가루라왕은 가없는 중생들을 성취시키는 차별한 지혜의 해탈문을 얻었고, 묘엄관계 가루라

해탈문　　묘엄관계가루라왕　　득장엄불법
解脫門하고 妙嚴冠髻迦樓羅王은 得莊嚴佛法

성해탈문　　보첩시현가루라왕　　득성취불
城解脫門하고 普捷示現迦樓羅王은 得成就不

가괴평등력해탈문　　보관해가루라왕　　득
可壞平等力解脫門하고 普觀海迦樓羅王은 得

요지일체중생신　　이위현형해탈문　　용
了知一切衆生身하야 而爲現形解脫門하고 龍

음대목정가루라왕　　득보입일체중생몰생행
音大目精迦樓羅王은 得普入一切衆生歿生行

지해탈문
智解脫門하니라

이시　　대속질력가루라왕　　승불위력　　보
爾時에 大速疾力迦樓羅王이 承佛威力하야 普

왕은 부처님 법의 성을 장엄하는 해탈문을 얻었다.

보첩시현 가루라왕은 무너뜨릴 수 없는 평등한 힘을 성취하는 해탈문을 얻었고, 보관해 가루라왕은 일체 중생의 몸을 분명히 알아서 위하여 형상을 나타내는 해탈문을 얻었고, 용음대목정 가루라왕은 일체 중생이 나고 죽는 행에 널리 들어가는 지혜의 해탈문을 얻었다.

그 때에 대속질력 가루라왕이 부처님의 위신력을 받들어 일체 가루라의 대중들을 널리 살

관 일 체 가 루 라 중　　이 설 송 언
觀一切迦樓羅衆하고 而說頌言하니라

불 안 광 대 무 변 제　　보 견 시 방 제 국 토
佛眼廣大無邊際하사　普見十方諸國土하시니

기 중 중 생 불 가 량　　현 대 신 통 실 조 복
其中衆生不可量이어늘　現大神通悉調伏이로다

불 신 통 력 무 소 애　　변 좌 시 방 각 수 하
佛神通力無所礙여　偏坐十方覺樹下하사

연 법 여 운 실 충 만　　보 계 청 문 심 불 역
演法如雲悉充滿하시니　寶髻聽聞心不逆이로다

펴보고 게송을 설하여 말씀하였다.

부처님의 눈은 넓고 커서 끝이 없으시어
시방의 모든 국토를 널리 보시니
그 가운데 중생들이 헤아릴 수 없거늘
큰 신통을 나타내어 다 조복하시도다.

부처님의 신통력이 걸리는 바 없음이여
두루 시방의 보리수 아래에 앉으시어
법을 연설함이 구름과 같이 다 충만하시니
불가괴보계 가루라왕이 듣고 마음에 거스르지 않았도다.

불어왕석수제행
佛於往昔修諸行에

보정광대바라밀
普淨廣大波羅蜜하사

공양일체제여래
供養一切諸如來하시니

차속질왕심신해
此速疾王深信解로다

여래일일모공중
如來一一毛孔中에

일념보현무변행
一念普現無邊行하시니

여시난사불경계
如是難思佛境界여

불퇴장엄실명도
不退莊嚴悉明觀로다

불행광대부사의
佛行廣大不思議라

일체중생막능측
一切衆生莫能測이니

도사공덕지혜해
導師功德智慧海여

차집지왕소행처
此執持王所行處로다

부처님께서 지난 옛적 모든 행을 닦으실 때
광대한 바라밀을 널리 청정하게 하시어
일체 모든 여래께 공양하시니
이것은 청정속질 가루라왕이 깊이 믿고 알았도다.

여래의 낱낱 모공 가운데
한 생각에 널리 가없는 행을 나타내시니
이같이 생각하기 어려운 부처님 경계시여
불퇴심장엄 가루라왕이 다 밝게 보았도다.

부처님의 행은 광대하고 부사의함이라
일체 중생이 능히 측량할 수 없으니
도사의 공덕과 지혜바다여
이것은 대해처섭지력[執持] 가루라왕이 행한 곳이로다.

여래무량지혜광
如來無量智慧光이여

능멸중생치혹망
能滅衆生癡惑網하사

일체세간함구호
一切世間咸救護하시니

차시견법소지설
此是堅法所持說이로다

법성광대불가궁
法城廣大不可窮이여

기문종종무수량
其門種種無數量이어늘

여래처세대개천
如來處世大開闡하시니

차묘관계능명입
此妙冠髻能明入이로다

일체제불일법신
一切諸佛一法身이여

진여평등무분별
眞如平等無分別이라

불이차력상안주
佛以此力常安住하시니

보첩현왕사구연
普捷現王斯具演이로다

여래의 한량없는 지혜의 광명이시여

중생들의 어리석고 미혹한 그물을 소멸하시어

일체 세간을 다 구호하시니

이것은 견법정광 가루라왕이 지녀 설한 바로다.

법의 성이 광대하여 다할 수 없음이여

그 문이 갖가지라 헤아릴 수 없거늘

여래께서 세상에서 크게 여시니

이것은 묘엄관계 가루라왕이 능히 밝게 들어갔도다.

일체 모든 부처님의 한 법신이시여

진여가 평등하여 분별이 없음이라

부처님께서 이 힘으로 항상 편안히 머무시니

보첩시현 가루라왕이 이것을 갖추어 연설하였도다.

불석제유섭중생
佛昔諸有攝衆生하사대

보방광명변세간
普放光明徧世間하사

종종방편시조복
種種方便示調伏하시니

차승법문관해오
此勝法門觀海悟로다

불관일체제국토
佛觀一切諸國土가

실의업해이안주
悉依業海而安住하사

보우법우어기중
普雨法雨於其中하시니

용음해탈능여시
龍音解脫能如是로다

부차라후아수라왕
復次羅睺阿脩羅王은

득현위대회존승주해
得現爲大會尊勝主解

탈문
脫門하고

비마질다라아수라왕
毗摩質多羅阿脩羅王은

득시현무량
得示現無量

부처님께서 옛적 모든 세상에서 중생들을 섭수하시되

널리 광명을 놓아 세간에 두루하시어

갖가지 방편으로 조복을 보이시니

이 수승한 법문은 보관해 가루라왕이 깨달았도다.

부처님께서 일체 모든 국토가

다 업바다를 의지하여 안주함을 관하시어

법의 비를 그 가운데 널리 내리시니

용음대목정 가루라왕의 해탈이 이와 같도다.

또 라후 아수라왕은 큰 회상에서 높고 뛰어

난 주인이 됨을 나타내는 해탈문을 얻었고, 비

마질다라 아수라왕은 한량없는 겁을 나타내

보이는 해탈문을 얻었고, 교환술 아수라왕은

겁해탈문　　교환술아수라왕　　득소멸일체
劫解脫門하고 巧幻術阿脩羅王은 得消滅一切

중생고　　영청정해탈문　　대권속아수라
衆生苦하야 令淸淨解脫門하고 大眷屬阿脩羅

왕　　득수일체고행　　자장엄해탈문　　바
王은 得修一切苦行하야 自莊嚴解脫門하고 婆

치아수라왕　　득진동시방무변경계해탈문
稚阿脩羅王은 得震動十方無邊境界解脫門하고

변조아수라왕　　득종종방편　　안립일체중
徧照阿脩羅王은 得種種方便으로 安立一切衆

생해탈문　　견고행묘장엄아수라왕　　득보
生解脫門하고 堅固行妙莊嚴阿脩羅王은 得普

집불가괴선근　　정제염착해탈문　　광대
集不可壞善根하야 淨諸染著解脫門하고 廣大

인혜아수라왕　　득대비력무의혹주해탈문
因慧阿脩羅王은 得大悲力無疑惑主解脫門하고

일체 중생의 고통을 소멸하여 청정하게 하는 해탈문을 얻었다.

대권속 아수라왕은 일체 고행을 닦아서 스스로 장엄하는 해탈문을 얻었고, 바치 아수라왕은 시방의 가없는 경계를 진동시키는 해탈문을 얻었고, 변조 아수라왕은 갖가지 방편으로 일체 중생을 안립하는 해탈문을 얻었고, 견고행묘장엄 아수라왕은 무너뜨릴 수 없는 선근을 널리 모아서 모든 염착을 깨끗이 하는 해탈문을 얻었다.

광대인혜 아수라왕은 대비의 힘으로 의혹이 없는 주인의 해탈문을 얻었고, 현승덕 아수라

현승덕아수라왕　　득보령견불　　승사공
現勝德阿脩羅王은 得普令見佛하고 承事供

양　　수제선근해탈문　　선음아수라왕
養하야 修諸善根解脫門하고 善音阿脩羅王은

득보입일체취결정평등행해탈문
得普入一切趣決定平等行解脫門하시니라

이시　　라후아수라왕　　승불위력　　보관일
爾時에 羅睺阿脩羅王이 承佛威力하야 普觀一

체아수라중　　이설송언
切阿脩羅衆하고 而說頌言하니라

왕은 널리 부처님을 보고 받들어 섬기고 공양하여 모든 선근을 닦게 하는 해탈문을 얻었고, 선음 아수라왕은 일체 갈래에 널리 들어가서 결정코 평등하게 행하는 해탈문을 얻었다.

그 때에 라후 아수라왕이 부처님의 위신력을 받들어 일체 아수라의 대중들을 널리 살펴보고 게송을 설하여 말씀하였다.

시방소유광대중
十方所有廣大衆에

불재기중최수특
佛在其中最殊特이라

광명변조등허공
光明徧照等虛空하사

보현일체중생전
普現一切衆生前이로다

백천만겁제불토
百千萬劫諸佛土를

일찰나중실명현
一刹那中悉明現하사

서광화물미부주
舒光化物靡不周하시니

여시비마심찬희
如是毗摩深讚喜로다

여래경계무여등
如來境界無與等이여

종종법문상이익
種種法門常利益하사

중생유고개영멸
衆生有苦皆令滅하시니

점말라왕차능견
苦末羅王此能見이로다

시방에 있는 광대한 대중들 중에
부처님께서 그 가운데서 가장 특수하시니
광명이 두루 비추어 허공과 같으시어
널리 일체 중생 앞에 나타나시도다.

백천만 겁 동안의 모든 불국토를
한 찰나 가운데 다 밝게 나타내시어
광명을 펴서 중생들을 두루 교화하시니
이러함은 비마질다라 아수라왕이 깊이 찬탄하고 기뻐하도다.

여래의 경계는 더불어 같음이 없음이여
갖가지 법문으로 항상 이익케 하시어
중생들에게 있는 고통을 다 멸하게 하시니
교환술[苦末羅] 아수라왕이 이를 능히 보았도다.

무량겁중수고행
無量劫中修苦行하사

이익중생정세간
利益衆生淨世間하시니

유시모니지보성
由是牟尼智普成이라

대권속왕사견불
大眷屬王斯見佛이로다

무애무등대신통
無礙無等大神通이여

변동시방일체찰
徧動十方一切刹호대

불사중생유경포
不使衆生有驚怖케하시니

대력어차능명료
大力於此能明了로다

불출어세구중생
佛出於世救衆生하사대

일체지도함개시
一切智道咸開示하사

실령사고득안락
悉令捨苦得安樂케하시니

차의변조소홍천
此義徧照所弘闡이로다

한량없는 겁 가운데 고행을 닦으셔서
중생들을 이익케 하고 세간을 깨끗하게 하시니
이것으로 석가모니불의 지혜가 널리 이루어짐이라
대권속 아수라왕이 이에 부처님을 보았도다.

걸림 없고 같을 이 없는 큰 신통이시여
시방의 일체 세계를 두루 진동시키시되
중생들이 놀라거나 두렵게 하지 않으시니
바치[大力] 아수라왕이 이에 능히 밝게 알았도다.

부처님께서 세상에 출현하여 중생들을 구제하시되
일체 지혜의 길을 다 열어 보이셔서
모두 괴로움을 버리고 안락을 얻게 하시니
이 뜻은 변조 아수라왕이 크게 연 바로다.

세간소유중복해
世間所有衆福海를

불능개시해탈처
佛能開示解脫處하시니

불대비신무여등
佛大悲身無與等이여

유여영상현세간
猶如影像現世間하시니

희유무등대신통
希有無等大神通이여

각재보리수하좌
各在菩提樹下坐하시니

불력능생보령정
佛力能生普令淨하시고

견행장엄입차문
堅行莊嚴入此門이로다

주행무애실령견
周行無礙悉令見하사대

인혜능선차공덕
因慧能宣此功德이로다

처처현신충법계
處處現身充法界하사

차의승덕능선설
此義勝德能宣說이로다

세간에 있는 온갖 복바다를
부처님의 힘으로 능히 내어 널리 깨끗하게 하시고
부처님께서 해탈할 곳을 열어 보이시니
견고행묘장엄 아수라왕이 이 문에 들어갔도다.

부처님 대비의 몸은 더불어 같을 이 없음이여
두루 행하여 걸림 없이 다 보게 하시되
마치 영상과 같이 세간에 나타나시니
광대인혜 아수라왕이 이 공덕을 선설하도다.

희유하고 같을 이 없는 큰 신통이시여
곳곳에 몸을 나타내어 법계에 충만하셔서
각각 보리수 아래에 앉아계시니
이 뜻은 현승덕 아수라왕이 능히 선설하도다.

여래왕수삼세행
如來往修三世行에

제취윤회미불경
諸趣輪迴靡不經하사

탈중생고무유여
脫衆生苦無有餘하시니

차묘음왕소칭찬
此妙音王所稱讚이로다

부차시현궁전주주신
復次示現宮殿主晝神은

득보입일체세간해탈
得普入一切世間解脫

문
門하고

발기혜향주주신
發起慧香主晝神은

득보관찰일체중
得普觀察一切衆

생
生하야

개이익영환희만족해탈문
皆利益令歡喜滿足解脫門하고

낙승장
樂勝莊

엄주주신
嚴主晝神은

득능방무변가애락법광명해탈
得能放無邊可愛樂法光明解脫

문
門하고

화향묘광주주신
華香妙光主晝神은

득개발무변중생
得開發無邊衆生의

여래께서 지난 옛적 삼세에 수행하실 때

모든 갈래에 윤회하여 지나지 않음이 없으셔서

중생들의 고통을 남김없이 벗어나게 하시니

이것은 선음[妙音] 아수라왕이 칭찬한 바로다.

또 시현궁전 주주신은 일체 세간에 널리 들어가는 해탈문을 얻었고, 발기혜향 주주신은 일체 중생을 널리 관찰해서 다 이익되게 하여 환희하고 만족하게 하는 해탈문을 얻었고, 낙승장엄 주주신은 능히 가없이 사랑스럽고 즐거운 법의 광명을 놓는 해탈문을 얻었다.

화향묘광 주주신은 가없는 중생들의 청정한 믿음과 이해의 마음을 개발하는 해탈문을 얻

청정신해심해탈문 　 보집묘약주주신 　 득적
清淨信解心解脫門하고 **普集妙藥主晝神**은 **得積**

집장엄보광명력해탈문 　 낙작희목주주신
集莊嚴普光明力解脫門하고 **樂作喜目主晝神**은

득보개오일체고락중생 　 개령득법락해탈
得普開悟一切苦樂衆生하야 **皆令得法樂解脫**

문 　 관방보현주주신 　 득시방법계차별신
門하고 **觀方普現主晝神**은 **得十方法界差別身**

해탈문 　 대비위력주주신 　 득구호일체중
解脫門하고 **大悲威力主晝神**은 **得救護一切衆**

생 　 영안락해탈문 　 선근광조주주신 　 득
生하야 **令安樂解脫門**하고 **善根光照主晝神**은 **得**

보생희족공덕력해탈문 　 묘화영락주주신
普生喜足功德力解脫門하고 **妙華瓔珞主晝神**은

득성칭보문 　 중생견자 　 개획익해탈문
得聲稱普聞에 **衆生見者**가 **皆獲益解脫門**하니라

었고, 보집묘약 주주신은 넓은 광명의 힘을 모

아서 장엄하는 해탈문을 얻었고, 낙작희목 주

주신은 일체 고락 중생을 널리 깨우쳐서 다 법

의 즐거움을 얻게 하는 해탈문을 얻었고, 관

방보현 주주신은 시방 법계에 차별한 몸의 해

탈문을 얻었다.

대비위력 주주신은 일체 중생을 구호하여 안

락하게 하는 해탈문을 얻었고, 선근광조 주

주신은 기쁘고 만족한 공덕의 힘을 널리 내는

해탈문을 얻었고, 묘화영락 주주신은 명성이

널리 들려 중생들이 보면 다 이익을 얻는 해탈

문을 얻었다.

이시　시현궁전주주신　승불위력　　보관
爾時에 示現宮殿主晝神이 承佛威力하야 普觀

일체주주신중　　이설송언
一切主晝神衆하고 而說頌言하니라

불지여공무유진　　　광명조요변시방
佛智如空無有盡하사　光明照耀徧十方하시며

중생심행실요지　　　일체세간무불입
衆生心行悉了知하사　一切世閒無不入이로다

지제중생심소락　　　여응위설중법해
知諸衆生心所樂하사　如應爲說衆法海하사대

구의광대각부동　　　구족혜신능실견
句義廣大各不同하니　具足慧神能悉見이로다

그 때에 시현궁전 주주신이 부처님의 위신력을 받들어 일체 주주신의 대중들을 널리 살펴보고 게송을 설하여 말씀하였다.

부처님의 지혜는 허공과 같아 다함이 없으셔서
광명으로 비추어 시방에 두루하시며
중생들의 심행을 모두 요달해 아셔서
일체 세간에 다 들어가시도다.

모든 중생들의 마음에 즐기는 바를 아셔서
온갖 법바다를 알맞게 설하시되
구절과 뜻이 광대하여 각각 같지 않으니
발기혜향[具足慧] 주주신이 능히 다 보았도다.

불방광명조세간
佛放光明照世間이여

견문환희부당연
見聞歡喜不唐捐이라

시기심광적멸처
示其深廣寂滅處하시니

차낙장엄심오해
此樂莊嚴心悟解로다

불우법우무변량
佛雨法雨無邊量하사

능령견자대환희
能令見者大歡喜케하시니

최승선근종차생
最勝善根從此生이라

여시묘광심소오
如是妙光心所悟로다

보입법문개오력
普入法門開悟力과

광겁수치실청정
曠劫修治悉清淨은

여시개위섭중생
如是皆爲攝眾生이라

차묘약신지소료
此妙藥神之所了로다

부처님께서 광명을 놓아 세간을 비추심이여
보고 듣고 환희하여 헛되이 버리지 않음이라
그 깊고 넓고 적멸한 곳을 보이시니
이것은 낙승장엄 주주신이 마음에 깨달아 알았도다.

부처님께서 법의 비를 한량없이 내리셔서
능히 보는 이가 크게 환희하게 하시니
가장 수승한 선근이 이로 좇아 나옴이라
이러함은 화향묘광 주주신이 깨달은 바로다.

법문에 널리 들어가서 깨달으신 힘과
오랜 겁 동안 닦아 다스려 모두 청정하심은
이와 같이 다 중생들을 거두시기 위함이라
이것은 보집묘약 주주신이 깨달은 바로다.

종종방편화군생
種種方便化群生이여

약견약문함수익
若見若聞咸受益이라

개령용약대환희
皆令踊躍大歡喜케하시니

묘안주신여시견
妙眼晝神如是見이로다

십력응현변세간
十力應現徧世間하사

시방법계실무여
十方法界悉無餘하사대

체성비무역비유
體性非無亦非有니

차관방신지소입
此觀方神之所入이로다

중생유전험난중
衆生流轉險難中에

여래애민출세간
如來哀愍出世間하사

실령제멸일체고
悉令除滅一切苦하시니

차해탈문비력주
此解脫門悲力住로다

갖가지 방편으로 중생들을 교화하심이여
보거나 들으면 다 이익을 얻음이라
모두 기뻐 뛰며 크게 환희하게 하시니
낙작희목[妙眼] 주주신이 이와 같이 보았도다.

십력으로 응하여 나타나 세간에 두루하시어
시방 법계에 다 남김이 없으시되
체성은 없지도 않고 또한 있지도 않으니
이것은 관방보현 주주신이 들어간 바로다.

중생들이 험난한 가운데 유전함에
여래께서 애민히 여겨 세간에 출현하셔서
모두 일체 고통을 제거하여 멸하게 하시니
이 해탈문은 대비위력 주주신이 머물렀도다.

중생암부윤영석
衆生闇覆淪永夕이어늘

불위설법대개효
佛爲說法大開曉하사

개사득락제중고
皆使得樂除衆苦하시니

대선광신입차문
大善光神入此門이로다

여래복량동허공
如來福量同虛空이여

세간중복실종생
世閒衆福悉從生이라

범유소작무공과
凡有所作無空過하시니

여시해탈화영득
如是解脫華瓔得이로다

부차보덕정광주야신   득적정선정락대용
復次普德淨光主夜神은 得寂靜禪定樂大勇

건해탈문   희안관세주야신   득광대청정
健解脫門하고 喜眼觀世主夜神은 得廣大淸淨

중생들이 어두움에 덮여 긴 밤에 빠져있거늘
부처님께서 위하여 법을 설해 크게 깨우치셔서
다 즐거움을 얻고 온갖 고통을 제하게 하시니
선근광조[大善光] 주주신이 이 문에 들어갔도다.

여래의 복은 양이 허공과 같으심이여
세간의 온갖 복이 다 좇아 남이라
무릇 지은 것이 있으면 헛됨이 없으니
이러한 해탈은 묘화영락 주주신이 얻었도다.

또 보덕정광 주야신은 적정한 선정의 즐거움
에서 크게 용맹한 해탈문을 얻었고, 희안관세
주야신은 광대하고 청정하며 사랑스러운 공덕

가애락공덕상해탈문　　호세정기주야신
可愛樂功德相解脫門하고 護世精氣主夜神은

득보현세간　　조복중생해탈문　　적정해
得普現世間하야 調伏衆生解脫門하고 寂靜海

음주야신　득적집광대환희심해탈문　　보
音主夜神은 得積集廣大歡喜心解脫門하고 普

현길상주야신　득심심자재열의언음해탈
現吉祥主夜神은 得甚深自在悅意言音解脫

문　보발수화주야신　득광명만족　광대
門하고 普發樹華主夜神은 得光明滿足한 廣大

환희장해탈문　평등호육주야신　득개오
歡喜藏解脫門하고 平等護育主夜神은 得開悟

중생　영성숙선근해탈문　유희쾌락주
衆生하야 令成熟善根解脫門하고 遊戲快樂主

야신　득구호중생무변자해탈문　제근상
夜神은 得救護衆生無邊慈解脫門하고 諸根常

상의 해탈문을 얻었고, 호세정기 주야신은 널리 세간에 나타나서 중생들을 조복하는 해탈문을 얻었다.

적정해음 주야신은 광대한 환희심을 쌓아 모으는 해탈문을 얻었고, 보현길상 주야신은 매우 깊고 자재하여 마음을 즐겁게 하는 말씀의 해탈문을 얻었고, 보발수화 주야신은 광명이 만족하여 광대한 환희의 창고 해탈문을 얻었고, 평등호육 주야신은 중생들을 깨우쳐서 선근을 성숙하게 하는 해탈문을 얻었다.

유희쾌락 주야신은 중생들을 구호하는 가없는 자비의 해탈문을 얻었고, 제근상희 주야신

희주야신   득보현장엄대비문해탈문   시
喜主夜神은 得普現莊嚴大悲門解脫門하고 示

현정복주야신   득보사일체중생   소락만
現淨福主夜神은 得普使一切衆生으로 所樂滿

족해탈문
足解脫門하니라

이시   보덕정광주야신   승불위력   변관
爾時에 普德淨光主夜神이 承佛威力하야 徧觀

일체주야신중   이설송언
一切主夜神衆하고 而說頌言하니라

은 장엄을 널리 나타내는 큰 자비문의 해탈문
을 얻었고, 시현정복 주야신은 널리 일체 중생
으로 하여금 즐거움을 만족하게 하는 해탈문
을 얻었다.

그 때에 보덕정광 주야신이 부처님의 위신력
을 받들어 일체 주야신의 대중들을 두루 살펴
보고 게송을 설하여 말씀하였다.

여등응관불소행
汝等應觀佛所行하라

광대적정허공상
廣大寂靜虛空相이시니

욕해무애실치정
欲海無涯悉治淨하사

이구단엄조시방
離垢端嚴照十方이로다

일체세간함락견
一切世間咸樂見이여

무량겁해시일우
無量劫海時一遇라

대비염물미부주
大悲念物靡不周하시니

차해탈문관세도
此解脫門觀世覩로다

도사구호제세간
導師救護諸世間이여

중생실견재기전
衆生悉見在其前하야

능령제취개청정
能令諸趣皆淸淨케하시니

여시호세능관찰
如是護世能觀察이로다

그대들은 응당 부처님께서 행하신 바를 관하라
광대하고 적정한 허공의 모습이시니
끝없는 욕망바다를 다 다스려 깨끗이 하셔서
때를 여의고 단엄하여 시방을 비추시도다.

일체 세간이 다 보기를 즐김이여
한량없는 겁바다에 한 번 만남이라
대비로 중생들을 두루 생각하시니
이 해탈문은 희안관세 주야신이 보았도다.

도사께서 모든 세간을 구호하심이여
중생들이 모두 그 앞에 계심을 보아
능히 모든 갈래를 다 청정하게 해주시니
이러함은 호세정기 주야신이 능히 관찰하였도다.

불석수치환희해
佛昔修治歡喜海여

광대무변불가측
廣大無邊不可測이라

시고견자함흔락
是故見者咸欣樂하니

차시적음지소료
此是寂音之所了로다

여래경계불가량
如來境界不可量이라

적이능연변시방
寂而能演徧十方하사

보사중생의청정
普使衆生意淸淨케하시니

시리야신문용열
尸利夜神聞踊悅이로다

불어무복중생중
佛於無福衆生中에

대복장엄심위요
大福莊嚴甚威曜하사

시피이진적멸법
示彼離塵寂滅法하시니

보발화신오사도
普發華神悟斯道로다

부처님께서 옛적에 닦으신 환희의 바다여
광대하고 가없어 측량할 수 없음이라
그러므로 보는 이가 다 기뻐하고 즐거워하니
이것은 적정해음 주야신이 깨달은 바로다.

여래의 경계는 헤아릴 수 없음이라
고요하지만 능히 펴서 시방에 두루하시어
널리 중생들로 하여금 뜻이 청정하게 하시니
보현길상[尸利] 주야신이 듣고 뛸 듯이 기뻐하도다.

부처님은 복이 없는 중생들 가운데서
큰 복으로 장엄하여 매우 위엄 있고 빛나시어
그들에게 번뇌를 여읜 적멸한 법을 보이시니
보발수화 주야신이 이 도를 깨달았도다.

시방보현대신통
十方普現大神通하사

일체중생실조복
一切衆生悉調伏하사대

종종색상개령견
種種色相皆令見케하시니

차호육신지소관
此護育神之所觀이로다

여래왕석염념중
如來往昔念念中에

실정방편자비해
悉淨方便慈悲海하사

구호세간무불변
救護世閒無不徧하시니

차복락신지해탈
此福樂神之解脫이로다

중생우치상난탁
衆生愚癡常亂濁하야

기심견독심가외
其心堅毒甚可畏어늘

여래자민위출흥
如來慈愍爲出興하시니

차멸원신능오희
此滅怨神能悟喜로다

시방에 널리 큰 신통을 나타내시어

일체 중생을 모두 조복하시되

갖가지 색상을 다 보게 하시니

이것은 평등호육 주야신이 관한 바로다.

여래께서 지난 옛적 순간순간에

방편과 자비의 바다를 다 깨끗이 하셔서

세간을 구호하여 두루하지 않음이 없으시니

이것은 유희쾌락[福樂] 주야신의 해탈이로다.

중생들이 어리석어 항상 어지럽고 혼탁하여

그 마음의 견고한 독이 매우 두렵거늘

여래께서 자비로 불쌍히 여겨 출현하시니

이것은 제근상희[滅怨] 주야신이 깨달아 기뻐하도다.

불석수행위중생
佛昔修行爲衆生하사

일체원욕개령만
一切願欲皆令滿이실새

유시구성공덕상
由是具成功德相하시니

차현복신지소입
此現福神之所入이로다

부차변주일체주방신
復次徧住一切主方神은

득보구호력해탈문
得普救護力解脫門하고

보현광명주방신
普現光明主方神은

득성판화일체중생신통
得成辦化一切衆生神通

업해탈문
業解脫門하고

광행장엄주방신
光行莊嚴主方神은

득파일체암
得破一切闇

장
障하야

생희락대광명해탈문
生喜樂大光明解脫門하고

주행불애주
周行不礙主

방신
方神은

득보현일체처부당로해탈문
得普現一切處不唐勞解脫門하고

영단
永斷

부처님께서 옛적에 중생들을 위해 수행하시어

일체의 원과 하고자 함을 다 원만하게 하셔서

이로 인해 공덕상을 구족히 이루시니

이것은 시현정복 주야신이 들어간 바로다.

또 변주일체 주방신은 널리 구호하는 힘의 해탈문을 얻었고, 보현광명 주방신은 일체 중생을 교화하는 신통의 업을 마련하는 해탈문을 얻었고, 광행장엄 주방신은 일체 어두운 장애를 깨뜨려서 기쁘고 즐거운 큰 광명을 내는 해탈문을 얻었다.

주행불애 주방신은 일체 처에 널리 나타나되 헛되이 수고하지 않는 해탈문을 얻었고, 영

미혹주방신　득시현등일체중생수명호
迷惑主方神은 得示現等一切衆生數名号하야

발생공덕해탈문　　변유정공주방신　득항
發生功德解脫門하고 徧遊淨空主方神은 得恒

발묘음　　영청자　개환희해탈문　　운당대
發妙音하야 令聽者로 皆歡喜解脫門하고 雲幢大

음주방신　　득여용보우　　영중생환희해탈
音主方神은 得如龍普雨하야 令衆生歡喜解脫

문　　계목무란주방신　득시현일체중생업
門하고 髻目無亂主方神은 得示現一切衆生業

무차별자재력해탈문　　보관세업주방신
無差別自在力解脫門하고 普觀世業主方神은

득관찰일체취생중종종업해탈문　　주변유
得觀察一切趣生中種種業解脫門하고 周徧遊

람주방신　득소작사　개구경　생일체중
覽主方神은 得所作事가 皆究竟하야 生一切衆

단미혹 주방신은 일체 중생 수와 같은 명호를 나타내 보여서 공덕을 발생하는 해탈문을 얻었고, 변유정공 주방신은 항상 묘음을 내어서 듣는 이들이 다 환희하게 하는 해탈문을 얻었고, 운당대음 주방신은 용이 널리 비를 내리듯이 중생들로 하여금 환희하게 하는 해탈문을 얻었다.

계목무란 주방신은 일체 중생의 업이 차별이 없음을 나타내 보이는 자재한 힘의 해탈문을 얻었고, 보관세업 주방신은 일체 갈래의 중생들 가운데 갖가지 업을 관찰하는 해탈문을 얻었고, 주변유람 주방신은 하는 일을 다 끝맺어

생 환 희 해 탈 문
生歡喜解脫門하니라

이 시　변 주 일 체 주 방 신　승 불 위 력　　보 관
爾時에 徧住一切主方神이 承佛威力하야 普觀

일 체 주 방 신 중　　이 설 송 언
一切主方神衆하고 而說頌言하니라

여 래 자 재 출 세 간　　교 화 일 체 제 군 생
如來自在出世間하사 敎化一切諸群生하사대

보 시 법 문 영 오 입　　실 사 당 성 무 상 지
普示法門令悟入하사 悉使當成無上智로다

서 일체 중생을 기쁘게 하는 해탈문을 얻었다.

그 때에 변주일체 주방신이 부처님의 위신력을 받들어 일체 주방신의 대중들을 널리 살펴보고 게송을 설하여 말씀하였다.

여래께서 자재하게 세간에 출현하시어
일체 모든 중생들을 교화하시되
법문을 널리 보여 깨달아 들게 하셔서
다 위없는 지혜를 마땅히 이루게 하시도다.

신통무량등중생
神通無量等衆生하사

수기소락시제상
隨其所樂示諸相하시니

견자개몽출리고
見者皆蒙出離苦라

차현광신해탈력
此現光神解脫力이로다

불어암장중생해
佛於闇障衆生海에

위현법거대광명
爲現法炬大光明하시니

기광보조무불견
其光普照無不見이라

차행장엄지해탈
此行莊嚴之解脫이로다

구족세간종종음
具足世間種種音하사

보전법륜무불해
普轉法輪無不解케하시니

중생청자번뇌멸
衆生聽者煩惱滅이라

차변왕신지소오
此徧往神之所悟로다

신통이 한량없어 중생들과 같게 하셔서
그 즐기는 바를 따라 모든 형상을 보이시니
보는 이들이 모두 고통에서 벗어남을 입음이라
이것은 보현광명 주방신의 해탈한 힘이로다.

부처님께서 어둡고 막혀있는 중생바다에서
법의 횃불로 큰 광명을 놓으시니
그 광명이 널리 비추어 보지 못함이 없음이라
이것은 광행장엄 주방신의 해탈이로다.

세간의 갖가지 소리를 구족하시어
널리 법륜을 굴려 알지 못함이 없게 하시니
중생들이 들으면 번뇌가 소멸함이라
이것은 주행불애[徧往] 주방신이 깨달은 바로다.

일체세간소유명
一切世間所有名에

불명등피이출생
佛名等彼而出生하사

실사중생이치혹
悉使衆生離癡惑케하시니

차단미신소행처
此斷迷神所行處로다

약유중생지불전
若有衆生至佛前하야

득문여래미묘음
得聞如來美妙音하면

막불심생대환희
莫不心生大歡喜하니

변유허공오사법
徧遊虛空悟斯法이로다

불어일일찰나중
佛於一一刹那中에

보우무변대법우
普雨無邊大法雨하사

실사중생번뇌멸
悉使衆生煩惱滅케하시니

차운당신소요지
此雲幢神所了知로다

일체 세간에 있는 바 이름들

부처님의 명호도 그와 같게 출생하셔서

중생들에게 어리석음과 미혹을 여의게 하시니

이것은 영단미혹 주방신이 행한 곳이로다.

만약 어떤 중생이 부처님 앞에 이르러서

여래의 아름답고 묘한 음성을 들으면

마음에 큰 환희를 내지 않음이 없으니

변유정공[偏遊虛空] 주방신이 이 법을 깨달았도다.

부처님께서 낱낱 찰나 가운데

가없는 큰 법의 비를 널리 내리셔서

중생들로 하여금 번뇌를 소멸하게 하시니

이것은 운당대음 주방신이 깨달은 바로다.

일체세간제업해
一切世間諸業海를

불실개시등무이
佛悉開示等無異하사

보사중생제업혹
普使衆生除業惑하시니

차계목신지소료
此髻目神之所了로다

일체지지무유변
一切智地無有邊하사

일체중생종종심
一切衆生種種心을

여래조견실명료
如來照見悉明了하시니

차광대문관세입
此廣大門觀世入이로다

불어왕석수제행
佛於往昔修諸行에

무량제도실원만
無量諸度悉圓滿하사

대자애민리중생
大慈哀愍利衆生하시니

차변유신지해탈
此徧遊神之解脫이로다

일체 세간의 모든 업바다를

부처님께서 동등하여 다름이 없음을 다 열어 보이셔서

널리 중생들로 하여금 업과 미혹을 없애게 하시니

이것은 계목무란 주방신이 깨달은 바로다.

일체를 아는 지혜의 지위는 끝이 없어서

일체 중생의 갖가지 마음을

여래께서 비추어 보고 다 밝게 아시니

이 광대한 문은 보관세업 주방신이 들어갔도다.

부처님께서 지난 옛적 모든 행을 닦으심에

한량없는 모든 바라밀을 다 원만히 하셔서

큰 자비로 애민히 여겨 중생들을 이롭게 하시니

이것은 주변유람 주방신의 해탈이로다.

부차정광보조주공신　　득보지제취일체중
復次淨光普照主空神은　得普知諸趣一切衆

생심해탈문　　보유심광주공신　　득보입법
生心解脫門하고　普遊深廣主空神은　得普入法

계해탈문　　생길상풍주공신　　득요달무변
界解脫門하고　生吉祥風主空神은　得了達無邊

경계신상해탈문　　이장안주주공신　　득능
境界身相解脫門하고　離障安住主空神은　得能

제일체중생업혹장해탈문　　광보묘계주공
除一切衆生業惑障解脫門하고　廣步妙髻主空

신　득보관찰사유광대행해해탈문　　무애
神은　得普觀察思惟廣大行海解脫門하고　無礙

광염주공신　　득대비광　　보구호일체중생
光燄主空神은　得大悲光으로　普救護一切衆生

액난해탈문　　무애승력주공신　　득보입일
厄難解脫門하고　無礙勝力主空神은　得普入一

또 정광보조 주공신은 모든 갈래의 일체 중생심을 널리 아는 해탈문을 얻었고, 보유심광 주공신은 법계에 널리 들어가는 해탈문을 얻었고, 생길상풍 주공신은 가없는 경계의 몸 모습을 요달하는 해탈문을 얻었다.

이장안주 주공신은 능히 일체 중생의 업과 미혹의 장애를 제거하는 해탈문을 얻었고, 광보묘계 주공신은 광대한 행의 바다를 널리 관찰하고 사유하는 해탈문을 얻었고, 무애광염 주공신은 대비 광명으로 일체 중생의 액난을 널리 구호하는 해탈문을 얻었고, 무애승력 주공신은 널리 일체에 들어가되 집착하는 바가

체　　무소착복덕력해탈문　　이구광명주
切호대 無所著福德力解脫門하고 離垢光明主

공신　득능령일체중생　　심이제개청정해
空神은 得能令一切衆生으로 心離諸蓋淸淨解

탈문　심원묘음주공신　득보견시방지광
脫門하고 深遠妙音主空神은 得普見十方智光

명해탈문　광변시방주공신　득부동본
明解脫門하고 光徧十方主空神은 得不動本

처　이보현세간해탈문
處하고 而普現世間解脫門하시니라

이시　정광보조주공신　승불위력　보관
爾時에 淨光普照主空神이 承佛威力하사 普觀

일체주공신중　이설송언
一切主空神衆하고 而說頌言하니라

없는 복덕력의 해탈문을 얻었다.

이구광명 주공신은 능히 일체 중생으로 하여금 마음에 모든 번뇌를 여의어 청정하게 하는 해탈문을 얻었고, 심원묘음 주공신은 시방의 지혜 광명을 널리 보는 해탈문을 얻었고, 광변시방 주공신은 근본 처소에서 움직이지 않고 세간에 널리 나타나는 해탈문을 얻었다.

그 때에 정광보조 주공신이 부처님의 위신력을 받들어 일체 주공신의 대중들을 널리 살펴보고 게송을 설하여 말씀하였다.

여래광대목
如來廣大目이

청정여허공
清淨如虛空이라

보견제중생
普見諸衆生하사

일체실명료
一切悉明了로다

불신대광명
佛身大光明이

변조어시방
徧照於十方하사

처처현전주
處處現前住하시니

보유관차도
普遊觀此道로다

불신여허공
佛身如虛空하사

무생무소취
無生無所取며

무득무자성
無得無自性이시니

길상풍소견
吉祥風所見이로다

여래의 넓고 크신 눈은
청정하기가 허공 같음이라
모든 중생들을 널리 보셔서
일체를 다 밝게 아시도다.

부처님 몸의 큰 광명이
시방을 두루 비추셔서
곳곳마다 앞에 나타나 머무시니
보유심광 주공신이 이 도를 관하도다.

부처님 몸은 허공과 같으셔서
생겨남도 없고 취할 바도 없으며
얻음도 없고 자성도 없으시니
생길상풍 주공신이 본 바로다.

여래무량겁
如來無量劫에

광설제성도
廣說諸聖道하사

보멸중생장
普滅衆生障하시니

원광오차문
圓光悟此門이로다

아관불왕석
我觀佛往昔에

소집보리행
所集菩提行호니

실위안세간
悉爲安世間이라

묘계행사경
妙髻行斯境이로다

일체중생계
一切衆生界가

유전생사해
流轉生死海어늘

불방멸고광
佛放滅苦光하시니

무애신능견
無礙神能見이로다

여래께서 한량없는 겁 동안

널리 모든 성스러운 도를 설하셔서

중생들의 장애를 널리 소멸하시니

이장안주[圓光] 주공신이 이 문을 깨달았도다.

내가 관해 보니 부처님께서 지난 옛적에

모으신 바 보리행은

다 세간을 편안하게 하시기 위함이라

광보묘계 주공신이 이 경계를 행하였도다.

일체 중생계가

생사바다에 유전하거늘

부처님께서 고통을 없애는 광명을 놓으시니

무애광염 주공신이 능히 보았도다.

청정공덕장
清淨功德藏이여

능위세복전
能爲世福田이라

수이지개각
隨以智開覺하시니

역신어차오
力神於此悟로다

중생치소부
衆生癡所覆로

유전어험도
流轉於險道어늘

불위방광명
佛爲放光明하시니

이구신능증
離垢神能證이로다

지혜무변제
智慧無邊際하야

실현제국토
悉現諸國土하사

광명조세간
光明照世間하시니

묘음사견불
妙音斯見佛이로다

청정한 공덕의 창고여

능히 세간의 복전이 됨이라

그들을 따라서 지혜로 깨닫게 하시니

무애승력 주공신이 이에 깨달았도다.

중생들이 어리석음에 덮인 바로

험한 길에 유전하거늘

부처님께서 위하여 광명을 놓으시니

이구광명 주공신이 능히 증득했도다.

지혜가 끝이 없어서

모든 국토에 다 나타나시어

광명으로 세간을 비추시니

심원묘음 주공신이 이에 부처님을 보았도다.

불위도중생　　　　수행변시방
佛爲度衆生하사　　**修行徧十方**하시니

여시대원심　　　　보현능관찰
如是大願心을　　**普現能觀察**이로다

부차무애광명주풍신　득보입불법　급일체
復次無礙光明主風神은 **得普入佛法**과 **及一切**

세간해탈문　　보현용업주풍신　득무량국
世間解脫門하고 **普現勇業主風神**은 **得無量國**

토불출현　함광대공양해탈문　　표격운당
土佛出現에 **咸廣大供養解脫門**하고 **飄擊雲幢**

주풍신　득이향풍　　보멸일체중생병해탈
主風神은 **得以香風**으로 **普滅一切衆生病解脫**

문　　정광장엄주풍신　득보생일체중생선
門하고 **淨光莊嚴主風神**은 **得普生一切衆生善**

부처님께서 중생들을 제도하시기 위하여
시방에서 두루 수행하시니
이러한 큰 서원의 마음을
광변시방[普現] 주공신이 능히 관찰했도다.

또 무애광명 주풍신은 부처님 법과 일체 세
간에 널리 들어가는 해탈문을 얻었고, 보현용
업 주풍신은 한량없는 국토에 부처님께서 출
현하심에 다 광대하게 공양하는 해탈문을 얻
었고, 표격운당 주풍신은 향기로운 바람으로
널리 일체 중생의 병을 소멸해주는 해탈문을
얻었다.

정광장엄 주풍신은 널리 일체 중생의 선근을

근
根_{하야} 令摧滅重障山解脫門_{하고} 力能竭水主

풍신
風神_은 得能破無邊惡魔衆解脫門_{하고} 大聲徧

후주풍신
吼主風神_은 得永滅一切衆生怖解脫門_{하고} 樹

초수계주풍신
杪垂髻主風神_은 得入一切諸法實相辯才海

해탈문
解脫門_{하고} 普行無礙主風神_은 得調伏一切衆

생방편장해탈문
生方便藏解脫門_{하고} 種種宮殿主風神_은 得入

적정선정문
寂靜禪定門_{하야} 滅極重愚癡闇解脫門_{하고} 大

광보조주풍신
光普照主風神_은 得隨順一切衆生行無礙力

내어서 무거운 장애의 산을 꺾어 소멸하게 하는 해탈문을 얻었고, 역능갈수 주풍신은 능히 가없는 악마의 무리들을 깨뜨리는 해탈문을 얻었고, 대성변후 주풍신은 일체 중생의 공포를 영원히 멸하는 해탈문을 얻었고, 수초수계 주풍신은 일체 모든 법의 실상에 들어가는 변재바다의 해탈문을 얻었다.

보행무애 주풍신은 일체 중생을 조복하는 방편 창고의 해탈문을 얻었고, 종종궁전 주풍신은 적정한 선정의 문에 들어가서 지극히 무거운 어리석음의 어둠을 멸하는 해탈문을 얻었고, 대광보조 주풍신은 일체 중생을 수순하

해 탈 문
解脫門하시니라

이시   무애광명주풍신   승불위력   보관
爾時에 **無礙光明主風神**이 **承佛威力**하사 **普觀**

일 체 주 풍 신 중   이 설 송 언
一切主風神衆하고 **而說頌言**하니라

일 체 제 불 법 심 심   무 애 방 편 보 능 입
一切諸佛法甚深에   **無礙方便普能入**하사

소 유 세 간 상 출 현   무 상 무 형 무 영 상
所有世間常出現하사대   **無相無形無影像**이로다

여 걸림 없는 힘을 행하는 해탈문을 얻었다.

　그 때에 무애광명 주풍신이 부처님의 위신력을 받들어 일체 주풍신의 대중들을 널리 살펴보고 게송을 설하여 말씀하였다.

일체 모든 부처님 법이 매우 깊은데
걸림 없는 방편으로 널리 들어가셔서
있는 바 세간에 항상 출현하시되
모양도 없고 형상도 없고 영상도 없도다.

여관여래어왕석
汝觀如來於往昔에

일념공양무변불
一念供養無邊佛하라

여시용맹보리행
如是勇猛菩提行이여

차보현신능오료
此普現神能悟了로다

여래구세부사의
如來救世不思議여

소유방편무공과
所有方便無空過하사

실사중생이제고
悉使衆生離諸苦케하시니

차운당신지해탈
此雲幢神之解脫이로다

중생무복수중고
衆生無福受衆苦하야

중개밀장상미부
重蓋密障常迷覆어늘

일체개령득해탈
一切皆令得解脫케하시니

차정광신소요지
此淨光神所了知로다

大方廣佛華嚴經 卷第三 / 世主妙嚴品 第一之三

여관여래어왕석
汝觀如來於往昔에

일념공양무변불
一念供養無邊佛하라

여시용맹보리행
如是勇猛菩提行이여

차보현신능오료
此普現神能悟了로다

여래구세부사의
如來救世不思議여

소유방편무공과
所有方便無空過하사

실사중생이제고
悉使衆生離諸苦케하시니

차운당신지해탈
此雲幢神之解脫이로다

중생무복수중고
衆生無福受衆苦하야

중개밀장상미부
重蓋密障常迷覆어늘

일체개령득해탈
一切皆令得解脫케하시니

차정광신소요지
此淨光神所了知로다

그대는 여래께서 지난 옛적

한 생각에 가없는 부처님께 공양하심을 관하라

이와 같이 용맹한 보리행이여

이것은 보현용업 주풍신이 능히 깨달았도다.

여래께서 세상을 구제하심이 부사의함이여

있는 바 방편이 헛되지 아니하여

중생들이 모든 고통을 여의게 하시니

이것은 표격운당 주풍신의 해탈이로다.

중생들이 복이 없어 온갖 고통을 받아서

무거운 번뇌와 빽빽한 업장으로 항상 미혹에 덮여있거늘

일체가 다 해탈을 얻게 하시니

이것은 정광장엄 주풍신이 깨달았도다.

여래광대신통력
如來廣大神通力으로

극진일체마군중
克殄一切魔軍衆하시니

소유조복제방편
所有調伏諸方便이여

용건위력능관찰
勇健威力能觀察이로다

불어모공연묘음
佛於毛孔演妙音하사대

기음보변어세간
其音普徧於世間하사

일체고외개령식
一切苦畏皆令息하시니

차변후신지소료
此徧吼神之所了로다

불어일체중찰해
佛於一切衆刹海에

부사의겁상연설
不思議劫常演說하시니

차여래지묘변재
此如來地妙辯才라

수초계신능오해
樹杪髻神能悟解로다

여래의 광대한 신통력으로

일체 마군의 무리들을 무찌르시니

있는 바 조복하는 모든 방편이여

역능갈수[勇健威力] 주풍신이 능히 관찰하였도다.

부처님께서 모공에서 묘음을 펴시되

그 소리가 널리 세간에 두루하시어

일체 고통과 두려움을 다 쉬게 하시니

이것은 대성변후 주풍신이 깨달은 바로다.

부처님께서 일체 온갖 세계바다에서

부사의겁 동안 항상 연설하시니

이것은 여래 지위의 미묘한 변재라

수초수계 주풍신이 능히 깨달았도다.

불어일체방편문
佛於一切方便門에

지입기중실무애
智入其中悉無礙하사

경계무변무여등
境界無邊無與等하시니

차 보 행 신 지 해 탈
此普行神之解脫이로다

여래경계무유변
如來境界無有邊하사

처 처 방 편 개 령 견
處處方便皆令見하사대

이신적정무제상
而身寂靜無諸相하시니

종 종 궁 신 해 탈 문
種種宮神解脫門이로다

여래겁해수제행
如來劫海修諸行이여

일체제력개성만
一切諸力皆成滿하사

능수세법응중생
能隨世法應衆生하시니

차 보 조 신 지 소 견
此普照神之所見이로다

〈大方廣佛華嚴經 卷第三〉

부처님께서 일체 방편문에
지혜로 그 가운데 들어가 다 걸림이 없으셔서
경계가 가없고 더불어 같을 이 없으니
이것은 보행무애 주풍신의 해탈이로다.

여래의 경계가 끝이 없으셔서
곳곳에서 방편으로 다 보게 하시되
몸은 적정하여 모든 형상이 없으시니
종종궁전 주풍신의 해탈문이로다.

여래께서 겁바다에 모든 행을 닦으심이여
일체 모든 힘을 다 원만히 이루셔서
능히 세간 법을 따라 중생들에게 응하시니
이것은 대광보조 주풍신이 본 바로다.

〈대방광불화엄경 제3권〉

大方廣佛華嚴經

부록

●

대방광불화엄경 목차

●

간행사

대방광불화엄경
목차

간 행 사

　귀의삼보 하옵고,

　『대방광불화엄경』의 수지 독송과 유통을 발원하면서 수미정사 불전연구원에서 『독송본 한문·한글역 대방광불화엄경』과 『사경본 한글역 대방광불화엄경』을 편찬하여 간행하게 되었습니다.

　『화엄경』은 우리나라에 전래된 이래 일찍부터 사경되고 주석·강설되어 왔으며 근현대에 이르러서는 『화엄경』의 한글 번역과 연구도 부쩍 많이 이루어졌습니다. 그만큼 『화엄경』이 우리 불자님들의 신행과 해탈에 큰 의지처가 되었던 것임을 알 수 있습니다.

　『화엄경』을 독송하고 사경하는 공덕은 설법 공덕과 함께 크게 강조되어 왔습니다. 그리하여 수미정사 불전연구원에서도 『화엄경』(80권)을 독송하고 사경하는 데 도움이 되도록 한문 원문과 한글역을 함께 수록한 독송본과 한글역의 사경본 『화엄경』 간행불사를 발원하였습니다. 이 『화엄경』 간행불사에 뜻을 같이하여 적극 후원해주신 스님들과 재가 불자님들께 깊이 감사드립니다. 또한 『화엄경』을 수지 독송할 수 있도록 경책의 모습으로 장엄해 주신 편집위원들과 담앤북스 출판사 관계자들께도 고마움을 표합니다.

　끝으로 이 불사의 원만 회향으로 『화엄경』이 널리 유통되고, 온 법계에 부처님의 가피가 충만하시길 기원드립니다.

　나무 대방광불화엄경

불기 2564년 '부처님오신날'을 봉축하며
수미해주 합장

위태천신(동진보살)

수미해주 須彌海住

동국대학교 명예교수
중앙승가대학교 법인이사
대한불교조계종 수미정사 주지

독송본 한문 · 한글역

대방광불화엄경 제3권

| 초판 1쇄 발행_ 2020년 8월 24일

| 엮은이_ 수미해주
| 엮은곳_ 수미정사 불전연구원
| 편집위원_ 해주 수정 경진 선초 정천 석도 박보람 최원섭
| 편집보_ 동건 무이 무진 김지예

| 펴낸이_ 오세룡
| 펴낸곳_ 담앤북스
　　　　　 서울특별시 종로구 새문안로3길 23 경희궁의 아침 4단지 805호

　　　　　 대표전화 02)765-1251 　전송 02)764-1251 　전자우편 damnbooks@hanmail.net

　　　　　 출판등록 제300-2011-115호

| ISBN_ 979-11-6201-240-6 　04220

정가 15,000원